QUE SAIS-JE ?

Les Celtes

VENCESLAS KRUTA
Directeur d'Etudes à l'Ecole pratique des Hautes Etudes
Section des Sciences historiques et philologiques

Septième édition corrigée

43e mille

ISBN 2 13 045384 8

Dépôt légal — 1re édition : 1976
7e édition corrigée : 1996, août

108, boulevard Saint-Germain, 75006 Paris

INTRODUCTION

Le but du présent volume est de récapituler brièvement, mais aussi complètement que possible, nos connaissances actuelles sur les Celtes depuis leur apparition sur la scène de l'histoire au ve siècle avant notre ère jusqu'au Ier siècle avant notre ère, où ils perdent, du moins dans le domaine continental, leur autonomie sous la domination romaine et la poussée d'autres peuples barbares : les Germains et les Daces. Dans les deux cas, les caractères originaux de la civilisation celtique se retrouvent parfois fondus et ainsi perpétués dans des civilisations mixtes, telle la civilisation gallo-romaine de Gaule, celto-romaine de Pannonie, celto-dace du Nord de la cuvette des Karpates ; d'autres fois ils s'éclipsent presque complètement, sans que nous puissions affirmer que cette disparition correspond à l'élimination totale de la population celtique.

La langue — un des caractères fondamentaux de la civilisation celtique — s'est néanmoins éteinte, plus ou moins lentement mais inexorablement, et n'est arrivée jusqu'à nous que grâce aux insulaires britanniques et irlandais de la périphérie occidentale de l'ancien monde celtique. C'est de là qu'elle est revenue au ve siècle de notre ère sur le continent, en Bretagne ; la celtophonie se trouvant désormais confinée dans des limites qui n'ont pratiquement pas changé jusqu'à l'époque actuelle. Malgré l'intérêt que présente la civilisation des Celtes insulaires, nous n'en parlerons que relativement peu dans les pages qui suivent, car elle possède des particularismes nombreux par rapport à celle des Celtes continentaux, son développement principal est plus récent et déborde en conséquence le cadre chronologique de cet ouvrage.

I. — Celtes, Galates et Gaulois

Le nom de Celtes (Κελτοί) fait sa première apparition chez les auteurs grecs du ve siècle av. n. è. pour désigner certaines des populations barbares de l'Europe tempérée, englobées jusque-là sous la dénomination tout à fait générale d'Hyperboréens. C'est, après le peuple plus ou moins légendaire des Cimmériens, le premier localisé dans ces régions dont nous connaissions le nom.

Deux siècles après cette première apparition dans les sources grecques, les Celtes qui menacèrent en 279 le sanctuaire d'Apollon à Delphes sont appelés Galates (Γαλάται). Ce nom sera dès lors employé pour désigner aussi bien les Celtes orientaux, en particulier ceux qui se fixèrent en Asie Mineure sur le cours moyen de l'Halys (l'actuel Kizilirmak) et donnèrent leur nom à cette région, que les Celtes occidentaux. Ainsi, l'historien grec Polybe emploie indifféremment la dénomination de Celtes ou Galates pour désigner les Celtes cisalpins et transalpins.

L'équivalent latin du terme Galates est peut-être celui de Gaulois *(Galli)* qui apparaît un demi-siècle plus tard. Comme le précédent, il donne son nom à un territoire déterminé : la Gaule cisalpine et transalpine. Le nom de Celtes (en latin *Celtae*) continue cependant à être utilisé, en particulier pour désigner les Gaulois transalpins. L'usage que les auteurs anciens font de ces noms démontre qu'il faut les considérer comme pratiquement synonymes, le plus général étant celui de Celtes, puisqu'il ne présente, à la différence des autres, aucun sous-entendu géographique et coïncide avec celui du groupe toujours vivant de langues indo-européennes dont le gaulois n'est qu'un membre particulier.

La tendance actuelle est donc d'utiliser de préférence le nom de Celtes, surtout pour la période ancienne, à l'exception des cas bien précis où l'usage de l'un des autres est parfaitement justifié. Il serait d'ailleurs souhaitable de ne pas attribuer, à la différence des auteurs anciens, le nom de Gaulois aux Celtes résidant sur le territoire de la Gaule avant que l'existence de ce concept géographique ne soit attestée. Cela permettrait d'éviter les équivoques et de ne pas créer prématurément l'impression d'une unité territoriale bien définie par rapport aux autres régions du monde celtique. L'état actuel de nos connaissances laisse d'ailleurs une incertitude en ce qui concerne le moment à partir duquel il conviendrait d'appliquer le nom de Gaulois aux Celtes occidentaux et celui de Galates aux Celtes orientaux (début du IIIe siècle av. n. è. ?).

II. — Les Celtes et la civilisation laténienne

L'apparition des Celtes chez les auteurs antiques du Ve siècle av. n. è. coïncide dans le domaine archéologique avec les premières manifestations d'une nouvelle civilisation de l'Age du Fer de l'Europe tempérée dont l'extension correspond assez exactement aux territoires que les sources historiques attribuent aux populations celtiques. Le savant suédois Hans Hildebrand, qui subdivisa en 1872 l'Age du Fer préromain en deux périodes, donna à celle qui est caractérisée par cette civilisation le nom de période de La Tène (ou laténienne, forme récente, mais préférable car elle permet d'éviter les équivoques), utilisé jusqu'à nos jours. Ce nom est celui d'un lieudit de la commune suisse de Marin-Épagnier, situé à la sortie de la Thielle du lac de Neuchâtel, où furent trouvées sous l'eau depuis 1853 des quantités importantes d'objets appartenant à cette période (épées et autres armes défensives et offensives, fibules et autres parures, outils, etc.).

La tentative légèrement postérieure (1875) du Français Gabriel de Mortillet, qui assigna à la seconde phase de l'Age du Fer le nom de période gauloise ou marnienne, resta sans écho en dehors du milieu archéologique champenois mais exprime mieux que le nom donné par Hildebrand le lien établi dès cette époque entre la civilisation la plus importante du Second Age du Fer européen et les populations celtiques.

Cependant, le sentiment de cette équivalence s'enracina progressivement, à tel point que l'on oublia souvent que l'appartenance ethnique est déterminée en premier lieu par la langue et non par une civilisation archéologique dont l'apparition doit être considérée comme un phénomène strictement culturel et qui a pu être adopté de gré ou de force par des populations non celtiques. De là, la nécessité de bien séparer les deux concepts : celtique, qui indique une appartenance ethnique, et laténien, désignation d'une appartenance culturelle donc implicitement chronologique.

Les Celtes sont simplement les populations de langue celtique et ils possèdent une civilisation dont le degré d'évolution, l'extension géographique et l'uniformité varient en fonction de conditions historiques. La civilisation laténienne semble constituer, pour le groupe central des anciennes populations celtophones, une phase que l'on pourrait qualifier de classique, correspondant à la transition de la protohistoire à l'histoire ou, pour employer les termes d'un vocabulaire hérité de l'anthropologie culturelle du siècle dernier, du passage d'un stade évolué de barbarie à la civilisation. Elle est précédée vraisemblablement par une civilisation celtique du Premier Age du Fer, qui ouvre une période où les données des textes s'ajoutent progressivement aux témoignages archéologiques dont le rôle reste essentiel. C'est la protohistoire dans sa conception la plus étroite et la plus traditionnelle. Elle est suivie dans les régions où les Celtes conservent leur autonomie par une civilisation celtique d'époque romaine et chrétienne.

On emploie quelquefois le terme de Celtes historiques pour désigner les populations qui développèrent et répandirent la civilisation laténienne, afin de mieux les distinguer d'anciens groupes celtophones, antérieurs ou contemporains, qui appartenaient à d'autres aires culturelles (Celtibères, groupes celtiques intégrés dans le milieu italique de l'Italie septentrionale antérieurement au ve siècle av. n. è.).

Quant au terme de Protoceltes, employé quelquefois pour désigner les populations présumées celtiques antérieures à la période laténienne, il ne fait que masquer notre ignorance en ce qui concerne le processus d'ethnogenèse celtique et ses étapes. Ce mot n'a en réalité aucune signification et son emploi est à éviter aussi soigneusement que celui du nom de Hallstattiens pour désigner les populations du Premier Age du Fer : il est de nouveau le résultat de la confusion entre un phénomène culturel — la civilisation hallstatienne — et un phénomène ethnique — populations celtiques ou non celtiques ayant développé ou adopté cette civilisation.

QUELQUES DATES CONNUES ET IMPORTANTES DE LA PROTOHISTOIRE CELTIQUE

— 392 : siège de Véies par Camille, apparition des Gaulois aux confins de l'Etrurie.

— 385 : défaite des Romains sur l'Allia, prise de Rome (— 390 selon la chronologie traditionnelle de Varron).

— 369-368 : des mercenaires celtiques à la solde de Denys de Syracuse combattent en Grèce.

— 365-364 : descente gauloise dans la vallée du Tibre et en Apulie, victoire de Camille sur les Gaulois.

— 350-349 : descente gauloise dans la vallée du Tibre, en Campanie et en Apulie.

— 335 : Alexandre le Grand reçoit une ambassade celtique au cours de sa campagne sur le Danube ; vers cette même date, paix de trente ans entre les Gaulois et Rome.

— 324 : des ambassadeurs celtiques rejoignent Alexandre à Babylone.

— 310 : défaite des Autariates illyriens par les Celtes.

— 307 : Agathocle de Syracuse entraîne en Afrique des mercenaires celtiques.

— 298 : expédition celtique en Thrace ; les Celtes sont battus sur l'*Haemus* par Cassandre.

— 295 : les Gaulois sont battus par les Romains à *Sentinum.*

— 285 : défaite romaine à *Arretium* (Arezzo).

— 283 : victoire définitive des Romains sur les Sénons ; *Sena Gallica* (Senigallia) est fondée sur leur territoire.

— 280 : les Celtes envahissent la Macédoine qu'ils occupent après la défaite et la mort de Ptolémée Kéraunos.

— 279 : un corps d'armée celtique conduit par Brennos descend jusqu'à Delphes.

— 278 : une partie des forces celtiques passe en Asie Mineure ; les Scordisques s'établissent entre la Save et le Danube.

— 277 : une défaite est infligée aux Celtes à proximité de la péninsule de Gallipoli par Antigonos Gonatas ; constitution en Thrace du royaume de Tylis.

— 277-276 : révolte des mercenaires celtiques au service de Ptolémée II Philadelphe d'Egypte.

— 275 : victoire d'Antiochos Ier de Syrie sur les Galates auxquels il attribue un territoire, la future Galatie.

— 274 : des mercenaires celtiques font partie de l'armée d'Antigonos Gonatas battue par Pyrrhus.

— 270 : nouvelle victoire d'Antiochos sur les Galates.

— 268 : fondation d'*Ariminum* (Rimini), porte romaine sur la Cisalpine.

— 265 : révolte de mercenaires celtiques à Mégare.

— 241 : défaite infligée aux Galates par Attale Ier de Pergame (suivie par d'autres victoires entre 240-230).

— 241-237 : grande révolte des mercenaires, en grande partie celtiques, à Carthage.

— 238 : troubles intérieurs chez les Boïens cisalpins après un appel à l'aide aux Transalpins.

— 232 : *Lex Flaminia* (partage du territoire sénon) ; nouvel appel des Boïens aux Transalpins.

— 225 : Transalpins et Cisalpins sont battus à Télamon.

— 224 : campagne des Romains chez les Boïens et les Lingons.

— 223 : tentative romaine de franchir le Pô.

— 222 : bataille de *Clastidium*, victoire romaine sur les Insubres ; prise de Milan ; traité de paix ; fondation de *Placentia* (Piacenza) et *Cremona*.

— 221 : victoire d'Hannibal sur les Celtibères.

— 220 : achèvement de la *Via Flaminia* (Rome-Fano-Rimini).

— 220-219 : Kauaros de Tylis sert de médiateur entre Byzance (qui lui payait un lourd tribut) et Prusias de Bithynie allié à Rhodes.

— 218 : des Celtes de Thrace nommés Aigysages passent en Asie Mineure sur l'invitation d'Attale Ier de Pergame. Hannibal passe les Alpes et pénètre en Cisalpine.

— 217 : bataille de Trasimène à laquelle prennent part aux côtés de l'armée d'Hannibal des contingents gaulois.

— 216 : bataille de Cannes.
Les Aigysages révoltés s'installent sur la rive asiatique de l'Hellespont et sont battus par Prusias de Bithynie.

— 213 : fin probable du prétendu royaume de Tylis en Thrace.

— 207 : bataille du Métaure, Hasdrubal et ses alliés gaulois battus par les Romains.

— 205 : fin de la conquête romaine de l'Espagne.

— 201 : les Cénomans cisalpins soulevés par Hamilcar s'emparent de *Placentia* et *Cremona.*

— 200 : défaite des Cénomans devant Crémone.

— 197 : soumission des Cénomans.

— 196 : soumission des Insubres.

— 194 : défaite des Boïens et des Insubres dans deux batailles à proximité de *Mediolanum* (Milan).

— 191 : soumission des Boïens dont une partie aurait repassé les Alpes.

— 189 : fondation de la colonie latine de *Bononia* (Bologna).

— 187 : achèvement de la *Via Aemilia* (Rimini-Piacenza).

— 186 : les *Carni* apparaissent au nord de la Vénétie.

— 186-185 : un corps gaulois participe en Egypte au siège d'Abydos par les Lagides.

— 183 : fondation des colonies romaines de *Mutina* (Modène) et *Parma* sur la *Via Aemilia.*
Intervention romaine contre les *Carni.*

— 181 : fondation d'une colonie romaine à *Aquilea.*

— 179 : dernière descente des Transalpins en Italie.

— 178-177 : conquête de l'Istrie par les Romains.

— 171 : entrée des Romains en Illyrie.

— 166 : soulèvement réprimé des Galates contre la tutelle de Pergame.

— 154 : révolte des *Lusitani* et des Celtibères.
Première expédition romaine contre les Salyens.

— 135 : les Romains infligent une défaite aux Scordisques au sud de l'*Haemus.*

— 133 : chute de Numance.

— 125 : seconde campagne romaine contre les Salyens, création de la *Provincia.*

— 124 : chute d'Entremont et défaite des Salyens, fondation de *Aquae Sextiae* (Aix-en-Provence).

— 121 : défaite des Arvernes et Allobroges commandés par Bituit.

— 120 : début probable de la migration des Cimbres et défense victorieuse des Boïens d'Europe centrale.

— 117 : fondation de *Narbo Martius* (Narbonne).

— 113 : les Cimbres infligent une défaite aux Romains près de *Noreia*, dans le sud-est de l'Autriche.

— 109 : les Teutons et les Helvètes franchissent le Rhin.

— 107 : les Tigurins et les Volques Tectosages battent les Romains au nord de Toulouse.

— 106 : victoire romaine sur les Volques du Toulousain, important butin constitué par l'*aurum tolosanum.*

— 105 : les Cimbres, Teutons, Ambrons et Helvètes descendent dans la vallée du Rhône et battent les Romains près d'Orange.

— 102 : défaite des Teutons près d'Aix-en-Provence.

— 101 : défaite des Cimbres près de Vercelli, au nord du Pô.

— 89 : *Lex Pompeia*, le droit latin est accordé aux Insubres et aux Cénomans.

— 85 : date approximative d'une importante victoire romaine sur les Scordisques.

— 78-76 : les Scordisques figurent en Macédoine comme alliés de Mithridate.

— 76-74 : répression romaine du soulèvement des Volques.

— 70 : date approximative de l'apparition d'Arioviste dans l'Est de la Gaule à l'occasion d'un conflit entre les Séquanes et les Eduens.

— 63 : réorganisation de la Galatie à la fin de la guerre contre Mithridate.

— 62-61 : soulèvement des Allobroges.

— 61 : conspiration d'Orgétorix, premiers préparatifs de la migration helvète.

— 60 ou — 59 : un parti de Boïens qui avait mis le siège devant *Noreia* est sollicité par les Helvètes pour participer à la migration.

— 58 : entrée des Helvètes et de leurs alliés en Gaule ; intervention de César ; défaite des Helvètes près de Bibracte ; défaite d'Arioviste dans la plaine d'Alsace.

— 57 : campagnes de César chez les Belges.

— 56 : victoire navale sur les Vénètes, suivie de leur soumission.

— 55 : César franchit le Rhin ; traversée de la Manche et première expédition en Bretagne.

— 54 : seconde expédition en Bretagne.

— 53 : seconde expédition au-delà du Rhin.

— 52 : soulèvement général mené par Vercingétorix ; victoire gauloise à Gergovie ; siège d'Alésia ; soumission des Arvernes et des Eduens.

— 51 : pacification complète de la Gaule.

— 50 : date approximative de la victoire des Daces conduits par Burebistas sur les Boïens de Pannonie.

— 49 : *Lex Iulia*, la citoyenneté romaine est accordée aux peuples indigènes de la Cisalpine.

— 42 : rattachement de la Gaule Cisalpine à l'Italie.

— 35 : campagne d'Octavien en Illyrie où la frontière romaine s'avance jusqu'au Danube.

— 27 - — 25 : pacification des tribus alpines.

— 25 : la Galatie devient province romaine.

— 12 : conquête de la Pannonie par les Romains.

— 9 : l'armée romaine occupe le Norique et s'avance jusqu'au moyen Danube.

— 9 - — 6 : les Marcomans germaniques conduits par Marbod occupent la Bohême et les Quades la Moravie.

43 : expédition de Claude en Bretagne ; occupation romaine de la partie méridionale de l'île.

78-86 : campagnes d'Agricola en Bretagne, la frontière romaine est établie sur la rivière Clyde et le Firth of Forth.

PREMIÈRE PARTIE

LES SOURCES

Chapitre Premier

LES SOURCES HISTORIQUES

I. — Leur nature

Nous ne possédons pour le moment aucune source ancienne celtique de caractère historique. On peut cependant supposer, d'après le haut Moyen Age irlandais, l'existence chez les Celtes continentaux d'une abondante littérature orale comprenant des récits historiques, listes de rois, relations de faits héroïques, transformés le plus souvent par un voile mythologique. Il ne nous en est rien parvenu, à part peut-être quelques lointains reflets dans la littérature des Celtes insulaires.

Les Celtes continentaux, arrivés au passage de la protohistoire à l'histoire, connaissaient pourtant l'écriture et laissèrent un nombre relativement élevé de documents épigraphiques (inscriptions, graffiti, légendes monétaires). Leur caractère laconique ne permet pas de les utiliser pour le moment comme source historique. Dans certains cas exceptionnels, le recoupement avec ce que nous apprennent les sources indirectes en fait cependant un témoignage de premier ordre. C'est en particulier le cas des monnaies, sur lesquelles nous reconnaissons les noms de peuples ou même de personnages célèbres. L'exemple le plus remarquable est certainement la monnaie frappée pendant la guerre des Gaules au nom de Vercingétorix.

La nature périssable du support est vraisemblablement la cause de la disparition d'un nombre de documents difficile à évaluer, mais dont certains étaient peut-être d'une valeur historique inestimable telles les tablettes mentionnées par César, sur lesquelles étaient recensés en caractères grecs les participants à la migration helvète de 58 avant notre ère. Les montures de tablettes et les nombreux styles trouvés sur l'*oppidum* de Stradonice en Bohême confirment l'existence de documents de ce type.

A peu près tout ce que nous savons sur les événements qui ont jalonné les cinq siècles de la protohistoire celtique provient donc de textes grecs ou latins. Les mentions sont naturellement d'autant plus nombreuses et précises que les événements touchent directement le monde méditerranéen. Nous sommes ainsi relativement bien informés de la présence celtique en Italie à partir de la grande invasion du IVᵉ siècle, des contacts directs des Celtes orientaux avec le monde hellénistique à partir du début du IIIᵉ siècle et de la situation en Celtibérie et en Gaule au moment de la conquête romaine. Nous ne possédons cependant que des bribes d'informations, généralement de seconde main, sur les autres régions. On peut dire que, à l'exception de la Gaule vers le milieu du Iᵉʳ siècle av. n. è., nous ne connaissons bien que la périphérie méridionale du monde celtique.

De là un déséquilibre qu'on a cherché à pallier par deux expédients qui, appliqués d'une manière trop systématique, sont aussi dangereux l'un que l'autre :

étendre aux autres régions ce que nous savons des Celtes de la périphérie méridionale ou généraliser dans le temps et l'espace la situation en Gaule au Ier siècle av. n. è.

II. — Les auteurs antiques

Les sources antiques recèlent un certain nombre de pièges qui sont parfois difficiles à éviter. Tout d'abord, les auteurs n'étaient pas toujours impartiaux : certains événements étaient passés sous silence, d'autres partiellement ou même complètement transformés. Cette déformation était d'ailleurs souvent involontaire, due à la nature même des documents qu'ils utilisaient. Beaucoup de textes sont en outre arrivés à nous altérés par rapport à l'original et certains ne sont même connus que par des citations chez d'autres auteurs qui ne respectaient certainement pas les règles actuellement en vigueur.

Entre une confiance aveugle et une hypercritique stérile, la bonne voie semble être celle d'une patiente confrontation sans idée préconçue, mettant largement à contribution toutes les autres sources dont nous disposons, en particulier l'archéologie, sans qu'aucune information soit rejetée *a priori*, aussi suspecte soit-elle.

Le premier auteur antique à évoquer le nom des Celtes fut peut-être Hécatée de Milet (né vers — 548, mort vers — 475) qui, selon des fragments repris par Etienne de Byzance au ve siècle de notre ère et transmis par l'abréviateur de ce dernier, Hermolaos (vie siècle), aurait défini la colonie grecque de *Massalia* (Marseille) comme une ville de la Ligurie, près de la Celtique, et mentionné *Nurax*, ville celtique. Cette dernière est généralement identifiée, mais sans certitude, à la ville de *Noreia* dans le

Norique (Autriche orientale), mais les précisions « près de la Celtique » et « ville celtique » sont peut-être des commentaires postérieurs du texte d'Hécatée.

Une série d'informations sur la topographie et les populations du littoral atlantique de l'Espagne à la Bretagne ou aux îles Britanniques était vraisemblablement contenue dans le récit du voyage d'exploration que le navigateur carthaginois Himilcon effectua dans la première moitié du Ve siècle av. n. è. Sa relation fut probablement traduite en grec, mais seuls quelques fragments nous sont parvenus dans *Les rivages maritimes* d'Aviénus, poète latin du IVe siècle de notre ère.

La première mention certaine des Celtes se trouve dans les *Histoires* d'Hérodote (né vers — 480, mort vers — 425) : « L'Istros (Danube) prend sa source au pays des Celtes près de la ville de Pyrènè et traverse l'Europe qu'il coupe en deux... Les Celtes ont pour voisins les Kynèsioi, qui sont à l'Occident le dernier peuple d'Europe. »

Xénophon (né vers — 430, mort vers — 355) est le premier à signaler dans ses *Helléniques* l'existence de mercenaires celtiques : à la solde de Denys de Syracuse, ils auraient participé en 369-368 aux côtés des Spartiates à la campagne contre les Thébains.

C'est peut-être à ce contact direct des Grecs de la métropole avec les Celtes que sont dues les premières observations que nous possédons sur leur caractère : Platon (né vers — 428, mort en — 347) les cite parmi les peuples guerriers qui ont coutume de s'enivrer, Aristote (né en — 384, mort en — 322) évoque à diverses reprises les mœurs des Celtes, enfin, son élève Eudème de Rhodes (IVe siècle) décrit la témérité écervelée des Celtes allant armés au-devant des flots.

Le *Périple de la Méditerranée* (dit de *Scylax*),

relation d'une navigation effectuée vers le milieu du IVe siècle, signale que les Celtes ont envahi le fond du golfe adriatique, mais ne les mentionne pas sur le littoral de la Méditerranée occidentale.

Le navigateur massaliote Pythéas effectua, probablement dans la seconde moitié du IVe siècle, un long voyage d'exploration sur l'Atlantique et la mer du Nord, qui le mena peut-être jusqu'en Baltique. Seuls des fragments de son œuvre *De l'Océan* ont été repris par Hipparque (IIe siècle av. n. è.) pour nous être transmis ensuite par Strabon. Peut-être est-ce ce dernier qui a introduit le terme de Celtique dans quelques-uns des passages conservés.

La première information vraiment substantielle sur les Celtes qui nous soit parvenue est contenue dans l'œuvre de l'historien grec Polybe (né avant — 200, mort entre — 123 et — 118). Le livre II de ses *Histoires* contient une ample description de l'Italie et de la Gaule Cisalpine, qui sert d'introduction à la récapitulation des invasions celtiques en Italie jusqu'en 221 av. n. è., dont une description très détaillée de la bataille de Télamon (225 av. n. è.). D'autres informations intéressantes sur les Celtes parsèment les autres livres conservés. Le livre XXXIV, dont nous ne connaissons malheureusement que des fragments, contenait une description de la Gaule transalpine. Le témoignage de Polybe est de premier ordre car il utilisa des sources aujourd'hui perdues, à savoir les dépositions de témoins de la dernière invasion gauloise. C'est ainsi que nous avons le récit de la bataille de Télamon, dont il faut peut-être chercher la source dans les *Annales* de l'historien romain de langue grecque Fabius Pictor (né vers — 254, mort après — 201). De plus il connaissait aussi bien la Gaule Cisalpine que la partie méridionale de la Transalpine.

L'ouvrage antique le plus important consacré

aux Celtes était néanmoins sans aucun doute le livre XXIII des *Histoires* disparues du savant grec Posidonios (né vers — 137, mort vers — 57), consacré à l'ethnographie celtique. Cette étude, dont les fragments parvenus sans trop d'altérations attestent la qualité, fut la source principale de tous les auteurs postérieurs traitant des Celtes. Il ne faut cependant pas oublier que le milieu celtique décrit par Posidonios, qui le connaissait pour y avoir séjourné, était avant tout celui de la Narbonnaise au début du Ier siècle av. n. è., donc celui d'une région à situation ethnique assez complexe, où se rencontraient diverses influences méditerranéennes (ibères, ligures, grecques, romaines).

De nombreux emprunts à Posidonios se trouvent dans l'œuvre de Diodore de Sicile (né au début du Ier siècle av. n. è., mort vers — 20) et surtout chez le géographe Strabon (né en — 64 ou — 63, mort vers 21). C'est, parmi les sept livres de sa *Géographie* (III-X) contenant la description de l'Europe, en particulier le cas du livre IV consacré à la Gaule transalpine et aux Alpes.

Posidonios a été vraisemblablement mis aussi à contribution par Jules César (né vers — 100, mort en — 44) dans les développements de caractère général de sa *Guerre des Gaules*. Ce dernier texte est le plus étendu concernant les Celtes qui nous soit parvenu. Il constitue une source inestimable, bien que tout autre qu'impartiale, sur la situation de la Celtique occidentale vers le milieu du Ier siècle av. n. è. Nous y trouvons aussi les premières informations substantielles sur les Germains.

Les historiens de l'époque augustéenne ont dû naturellement affronter le problème gaulois, lié indissolublement à une longue période de l'histoire romaine. Ils citent souvent des informations, généralement de seconde main, qu'il serait cependant imprudent de rejeter complètement pour leur caractère apparemment anecdotique ou légendaire.

L'histoire des rapports entre Rome et les Gaulois trouve son fidèle reflet dans l'*Histoire romaine* du Cisalpin Tite-Live (né vers — 59, mort en 17) dont le livre V, relatant les invasions gauloises en Italie, est peut-être le texte concernant la protohistoire celtique qui est le plus fréquemment mentionné, mais le plus controversé.

Ces invasions sont aussi largement évoquées dans les *Antiquités romaines* de Denys d'Halicarnasse (qui vécut dans la seconde moitié du Ier siècle av. n. è.) : il semble avoir travaillé indépendamment de Tite-Live.

Le premier historien de langue latine d'origine gauloise, Trogue Pompée (né probablement avant — 50), décrivait dans ses *Histoires* non seulement les invasions celtiques en Italie, mais aussi dans la péninsule balkanique et l'Asie Mineure. Nous connaissons son œuvre principalement grâce à un abrégé de Justin (IIe ou IIIe siècle de notre ère).

Des informations éparses de caractère ethnographique plutôt qu'historique se trouvent dans l'*Histoire naturelle* de Pline l'Ancien (né en 23 ou 24, mort en 79).

La fin des Celtes d'Europe centrale est évoquée avec des indications précieuses sur les tribus celtiques de ces régions dans la magistrale *Germanie* de Tacite, écrite vraisemblablement en 98 de notre ère et fondée en bonne partie sur un ouvrage perdu de Pline l'Ancien qui avait séjourné dans ce pays.

Un bon nombre de toponymes celtiques d'Europe centrale, dont la localisation précise est malheureusement très difficile, se trouvent dans la *Géographie* du savant alexandrin Claude Ptolémée (IIe siècle de notre ère).

III. — La littérature des Celtes insulaires

La littérature des Celtes insulaires, en particulier celle qui est conservée dans les textes irlandais, constitue indubitablement une source de premier ordre pour la connaissance de leur culture, notamment de leur monde spirituel. L'absence de tout document de ce type pour les Celtes continentaux justifie pleinement son usage pour de prudentes comparaisons et extrapolations qui ont déjà donné quelques résultats intéressants, plus particulièrement dans le domaine de la religion. Il faut cependant mettre en garde contre une généralisation abusive des données tirées de cette littérature.

Rappelons tout d'abord que, bien que les premières rédactions remontent au VIIe ou VIIIe siècle de notre ère, l'essentiel de cette littérature est conservé dans des manuscrits de la fin du XIe ou du début du XIIe siècle. Loin d'être fixées dans un immobilisme conservateur, les versions originales ont dû non seulement subir dans cet intervalle un certain nombre de transformations, mais aussi assimiler des influences étrangères (littérature classique et culture monastique) dans une mesure difficile à déterminer.

Il est cependant incontestable que la société celtique décrite dans ces textes présente une structure archaïque qu'il est parfaitement justifié de faire remonter à la protohistoire. Cette société pastorale dominée par une aristocratie militaire de type primitif est peut-être même un peu trop archaïque pour ce que nous connaissons des Celtes continentaux. Les coïncidences avec la société de la Grèce homérique ne sont pas accidentelles : nous avons affaire à une situation analogue. Reste à savoir jusqu'à quand une telle société, correspondant à un système économique de type primitif, a pu se maintenir chez les Celtes continentaux et dans quelle mesure elle a pu coexister avec des formes plus évoluées. Nous serions tentés, du moins pour le noyau des populations celtiques, de remonter jusqu'au Premier Age du Fer, où les sources archéologiques semblent indiquer une telle situation. Cette hypothèse reste cependant sujette à discussion. Ce qui est toutefois certain, est qu'une telle société est incompatible avec ce que nous savons aujourd'hui de la structure économique des *oppida* celtiques du Ier siècle av. n. è. Il n'y a d'ailleurs aucune raison pour que le monde celtique, dont l'ouverture aux influences méditerranéennes et le génie créateur ne sont plus à démontrer, se soit figé dans une structure sociale archaïque, sauf dans le cas d'un impératif tel que celui qu'a constitué pour l'Irlande son isolement géographique.

Chapitre II

LES SOURCES LINGUISTIQUES

1. **Leur nature.** — Notre connaissance actuelle des langues celtiques est fondée principalement sur les langues celtiques insulaires, encore vivantes et parlées par plus de deux millions de personnes, tandis que les langues celtiques continentales se sont éteintes après avoir coexisté pendant un temps plus ou moins long avec le latin, le germanique et le grec pour les Galates. La grammaire comparée des langues celtiques qui permet de retrouver les traces de ces langues disparues fut donc élaborée à partir du gaélique d'Irlande et d'Ecosse et du brittonique du Pays de Galles, de la Cornouaille britannique et de l'Armorique.

Les documents linguistiques qui ont permis d'aboutir à une certaine connaissance du celtique continental sont arrivés à nous directement — inscriptions en langues celtiques —, ou indirectement — mots transmis par les auteurs grecs et latins, véhiculés par les langues romanes, germaniques, ou même slaves pour certains noms de lieux. Il est évident que la littérature antique fournit surtout des noms de personnes, de peuples ou de lieux, quelquefois accompagnés de gloses expliquant leur signification. La variété des mots celtiques transmis par les langues vivantes est plus grande, mais ce sont aussi ceux qui ont subi les transformations les plus fortes.

2. **Les documents épigraphiques.** — La source la plus authentique et la plus précieuse est constituée par les documents qui furent enregistrés par les Celtes eux-mêmes. A défaut d'une propre écriture, les Celtes continentaux ont adopté quatre types

de caractères : grecs dans le Midi de la France, mais aussi plus loin vers l'intérieur comme semblent l'indiquer le passage de César sur le recensement helvète et les graffiti découverts récemment sur l'*oppidum* de Manching en Bavière, ibériques dans la péninsule et les régions pyrénéennes, étrusques au nord de la ville de Milan (alphabet dit lépontique) et enfin latins, les plus répandus, mais aussi ceux dont l'introduction a été la plus tardive. Certaines inscriptions utilisent conjointement les caractères grecs et latins.

Parmi les quelques centaines d'inscriptions, seulement plusieurs dizaines comportent des phrases entières. La plus longue que nous possédions — le calendrier gaulois trouvé à Coligny (Ain) — avait dans son état d'origine environ deux mille lignes.

Une grande partie de ces inscriptions sont postérieures à la conquête romaine, à l'exception d'un certain nombre d'inscriptions gallo-grecques, de la majeure partie des inscriptions celtibériques et des lépontiques, dont les plus anciennes sont antérieures au ve siècle av. n. è. et représentent donc actuellement le plus ancien témoignage d'utilisation de l'écriture par des Celtes (dédicace monumentale de Côme-Prestino ; graffite de Castelletto Ticino, sur une poterie de la première moitié du vi[e] siècle av. n. è.).

La catégorie la plus nombreuse est certainement constituée par les légendes monétaires, dont nous connaissons aujourd'hui plus d'un demi-millier de cas. Ce sont généralement des noms de personnes ou de peuples. Elles représentent pour l'instant le seul type de document épigraphique qui nous soit parvenu des Celtes d'Europe centrale et du Sud-Est.

3. **La langue.** — La répartition inégale de la documentation linguistique dont nous disposons

fait que parmi les langues celtiques continentales les seules que nous connaissions, mais d'une façon extrêmement lacunaire, sont le gaulois, le celtique des inscriptions dites lépontiques et le celtibère. Nous possédons aussi quelques éléments qui permettent de pressentir d'importantes variations dialectales. Au contraire, rien ne confirme pour le moment l'affirmation de César que les Belges parlaient une autre langue que les Gaulois.

Une des constatations linguistiques les plus importantes pour l'histoire celtique est incontestablement celle que la langue des inscriptions lépontiques est celtique : de souche gauloise avec de fortes influences ligures. Le lépontique présente cependant par rapport au gaulois de nombreux éléments archaïques, tout en faisant partie avec ce dernier et le brittonique du groupe de langues celtiques où le k^w indo-européen s'est transformé en *p*. Le celtibère, qui lui aussi présente des caractères archaïques, n'a pas subi cette transformation, non plus que le gaélique.

Ce phénomène linguistique porta à envisager l'existence de deux vagues successives de populations celtiques : celle plus ancienne des Celtes en *q* (dits aussi Goidels) et celle plus récente des Celtes en *p* (Brittons). L'opposition stricte entre ces deux groupes est aujourd'hui abandonnée par les linguistes, car il semble que la transformation du k^w indo-européen a pu avoir lieu indépendamment dans des régions et à des périodes différentes. La seule conservation du k^w, ou la présence équivalente du *k* simple, ne saurait donc être considérée comme une preuve d'archaïsme. Le caractère archaïque d'une langue ne peut être déterminé qu'à partir d'une étude complexe de l'ensemble des phénomènes linguistiques.

Une autre source d'information intéressante est

la comparaison des langues celtiques et non celtiques. Il en ressort notamment que les Celtes et les Germains ont été en contact direct à une période relativement ancienne au nord-ouest de la Bohême et en Thuringe, et des similitudes indiquant peut-être un contact semblable existent entre le celtique et certaines langues italiques.

4. La toponymie. — L'étude des noms de lieux a apporté une contribution très importante à la connaissance du peuplement protohistorique, car les toponymes constituent la seule trace linguistique de l'occupation de certaines régions par les populations successives. On a pu ainsi supposer à partir des toponymes l'existence de populations préceltiques et non germaniques dans une zone comprenant la partie occidentale de l'Allemagne du Nord, les Pays-Bas et la Belgique. La situation ultérieure, le contact direct entre Celtes et Germains sur une ligne allant des bouches du Rhin à la Forêt de Thuringe, est attestée par une série de noms de lieux qui forment des doublets germanique-celtique. C'est aussi grâce aux toponymes qu'est conservé le témoignage de l'existence ancienne de populations pré-indo-européennes, en particulier dans l'ouest de l'Europe.

Une grande incertitude en ce qui concerne la datation des toponymes rend indispensable, quand c'est possible, la confrontation de leurs données avec celles de l'archéologie. A titre d'exemple, la fouille des sites de *Brigantium* (aujourd'hui Bregenz), *Cambodunum* (Kempten), *Abodiacum* (Epfach), qui portent des noms celtiques et sont cités par Strabon parmi les πόλεις *(oppida)* des Vindéliciens, n'a révélé, contrairement à ce que l'on aurait pu envisager, aucune trace d'établissements antérieurs aux stations militaires romaines du Haut-Empire près desquelles s'est développée l'agglomération. Cette constatation semble donc indiquer que le milieu celtique du haut Danube était encore assez fort après la conquête romaine pour imposer un nom à de nouvelles fondations.

Un problème très délicat est celui de la localisation géographique des toponymes celtiques connus seulement par les textes, en particulier dans des zones comme l'Europe centrale où ils n'ont pas été fixés par l'occupation romaine. C'est d'autant plus compliqué que les mêmes toponymes sont attestés souvent dans des régions différentes. Il en est ainsi pour *Bononia*, nom antique de la ville italienne de Bologne, de souche d'ailleurs peut-être plutôt latine que celtique, attesté aussi dans la zone danubienne et plus tard en Gaule (Boulogne). Ces répétitions sont particulièrement fréquentes pour la famille de toponymes composés à l'aide de l'élément *—dunum* ou *—dunon* (en celtique « forteresse, lieu élevé, lieu clos », cf. le mot anglais *town*), tels *Eburodunum* (« forteresse de l'if ou des ifs »), villes actuelles d'Embrun et d'Yverdon en Suisse, mais mentionné aussi en Europe centrale ; *Lugdunum* (« forteresse du dieu Lug ») : villes de Lyon, Laon, Loudun, Loudon, mais connu aussi dans les Pyrénées, en Europe centrale et sur le territoire des Pays-Bas ; *Noviodunum* (« nouvelle forteresse »), en Gaule nom de l'*oppidum* central des Suessions, mais aussi d'*oppida* des Bituriges (Nouan), des Eduens (Nevers), des Diablintes (Jublains), puis connu aussi de Cisalpine, de Suisse (Nyon) et mentionné dans la zone du delta danubien. Un cas similaire est celui des toponymes formés à l'aide des éléments *—magos* (« champ, terrain, emplacement ») et *—briga* (équivalent de *—dunon*, « forteresse, enceinte »).

Chapitre III

LE CADRE GÉOGRAPHIQUE

A l'apogée de leur puissance les Celtes occupèrent en Europe un énorme territoire délimité à l'ouest par l'Atlantique, de la péninsule Ibérique aux îles Britanniques, au nord par la bordure intérieure de la grande plaine septentrionale allemande et polonaise, à l'est par l'arc des Karpates et au sud par le littoral méditerranéen à partir de la côte catalane, le versant septentrional de l'Apennin et la bordure méridionale du bassin danubien avant les Portes de Fer.

Cependant, non seulement ces territoires ne connurent jamais d'unité politique, mais les vestiges attestent l'irrégularité de l'implantation celtique qui recouvrit par endroits des populations antérieures, mais laissa aussi de vastes enclaves à des populations certainement ou probablement non celtiques.

Nous pouvons ainsi constater une très nette prédilection des Celtes protohistoriques pour les zones de plateaux ou de collines découpées par des vallées fluviales ainsi que les plaines de piémont, milieu convenant parfaitement à une économie où la culture du sol était largement complétée par l'élevage, et le peu d'attrait que présentaient pour eux la grande plaine, la haute montagne et le littoral maritime avec leurs conditions de vie particulières.

Le noyau des territoires celtiques était constitué

par la zone au nord des Alpes, à laquelle les anciens donnaient le nom d'origine celtique de Forêt hercynienne (forêt des chênes). La confrontation des divers textes qui la mentionnent montre clairement que ce terme ne désignait pas un massif particulier, mais l'ensemble des territoires montagneux entre la rive droite du Rhin, les massifs au nord du Main, la rive gauche du Danube, les montagnes limitrophes du Nord de la Bohême ('Ασκιβούργιον ὄρος de Ptolémée) et l'extrémité occidentale de l'arc karpatique (Λούνα ὕλη, Petites Karpates actuelles). Correspondant aujourd'hui au Bade-Würtemberg, à la Bavière septentrionale, la Hesse, la partie adjacente de la Thuringe, la Bohême, la Moravie et une partie de la Silésie et de la Basse-Autriche, cette vaste région est sillonnée par de grands axes fluviaux qui constituent autant de voies de communication immémoriales : en direction est-ouest par le Main, qui relie les monts Métallifères et la Forêt de Thuringe à la Rhénanie, et le Danube sur lequel aboutissent les voies nord-sud qui le relient par le cours de la Vltava aux plaines centrales et septentrionales de la Bohême et à travers la Porte de Moravie (entre la source de l'Oder et la vallée de la Morava) aux grandes plaines du Nord et à la Baltique. Ce dernier parcours est celui de la prétendue voie de l'ambre, qui après le franchissement du Danube, probablement vers son confluent avec la Morava *(Marus)*, traversait la frange orientale du massif alpin et débouchait par les Alpes juliennes sur le littoral nord de l'Adriatique.

La pénétration celtique dans la cuvette des Karpates semble avoir eu comme axes principaux sa périphérie occidentale et septentrionale et le Danube, en particulier sa rive droite jusqu'au confluent avec la Morava balkanique. Cette dernière constitua la voie de pénétration vers la Grèce et la Thrace au sud des Balkans (l'*Haemus* des anciens). Les trouvailles d'objets celtiques à l'extérieur de la chaîne des Karpates (plaine du bas Danube, Moldavie, Ukraine) peuvent tout au plus être attribuées dans certains cas à la présence temporaire de petits groupes, mais sont dues vraisemblablement le plus fréquemment à la simple pénétration d'objets. Ils n'attestent dans aucun cas une implantation durable.

Sur la rive droite du cours supérieur du Danube, la seule pénétration celtique importante vers l'intérieur du massif alpin semble avoir eu pour objectif les gisements de sel au sud de Salzbourg. Quant aux passages alpins vers la Vénétie, il est peu probable qu'ils aient jamais été sous le contrôle direct des populations celtiques. Une très forte implantation démontre au contraire le rôle de position clé du plateau suisse, carrefour capital qui assure la liaison directe entre les régions danubiennes, la Rhénanie, la vallée de la Saône, l'Italie septentrionale et la vallée du Rhône.

Le restant de la Gaule septentrionale se trouvait relié à la zone centrale par les plateaux de Champagne et la vallée de la Moselle qui rejoignait le vaste carrefour constitué par la Rhénanie entre les villes actuelles de Mannheim et Coblence. En dehors du Rhône et des fleuves champenois, les axes fluviaux les plus importants de la Gaule étaient incontestablement la Seine avec son carrefour parisien et ses affluents, en particulier l'Yonne qui permettait de remonter vers la vallée de la Saône et la bordure septentrionale du Massif central, et la Loire, cette dernière dans une mesure encore difficile à déterminer. Ces parcours reliant la côte atlantique à l'intérieur du pays ont sans doute constitué des variantes de la route de l'étain, dont la mieux attestée semble avoir emprunté la Seine, en partant de la Cornouaille pour rejoindre peut-être l'île de Wight, d'où était effectuée la traversée de la Manche.

À la différence de celle des autres régions, l'hydrographie de la Cisalpine semble avoir connu depuis la protohistoire quelques changements importants. Non seulement le littoral adriatique a été élargi par les sédiments, surtout dans la zone des deltas successifs du Pô, mais celui-ci empruntait un parcours nettement différent : il se divisait probablement jusqu'aux IXe-VIIe siècles av. n. è. au nord de Parme en deux branches principales dont l'une se jetait dans la mer à proximité du comptoir gréco-étrusque d'*Adria* et l'autre près de celui de *Spina*. Le fleuve abandonna après sans doute la branche septentrionale pour bifurquer au niveau de Ferrare : le bras septentrional dénommé *Olana* aboutissait à la mer à une vingtaine de kilomètres au nord de Spina, l'autre *(Padoa)* suivait approximativement l'ancien parcours. Les autres fleuves de la région connurent aussi d'importantes variations, notamment dans leurs bas cours.

L'aspect du paysage ne devait pas être bien différent dans l'Europe des Celtes protohistoriques de celui du Moyen Âge. Nous sommes mal renseignés pour le moment sur de possibles variations climatiques et leurs incidences éventuelles sur l'économie et les communications. Il semble toutefois qu'une période froide et humide a caractérisé le climat de l'Europe tempérée entre le IXe et le IVe-IIIe siècle av. n. è. avec un point culminant situé vraisemblablement vers la fin du VIe siècle av. n. è.

Chapitre IV

LES SOURCES ARCHÉOLOGIQUES

I. — Leur nature

Les vestiges archéologiques du Second Age du Fer, où leur attribution aux populations celtiques est confirmée par les sources historiques, constituent certainement la documentation la plus riche que nous possédions sur les Celtes protohistoriques. Ce sont, en quantité inégale, des nécropoles ou sépultures isolées, des habitats, des fortifications, des installations de caractère technique, des lieux de culte, des dépôts d'objets ou des trouvailles isolées. Témoignages directs, mais muets, que l'interprétation, pour peu qu'elle manque d'objectivité, de méthode ou simplement leur accorde une valeur exagérée, risque de fausser complètement.

D'autre part, l'attirance qui fut souvent exercée par l'objet au détriment du milieu dans lequel il se trouvait nous a privés dans de nombreux cas d'une information infiniment plus précieuse que celle que peut fournir l'objet seul, aussi exceptionnel que soit son intérêt propre.

La fouille elle-même ne constitue cependant que le premier pas de la recherche archéologique qui, en passant par l'étude des objets et des structures, leur interprétation et leur classement dans un cadre plus général, devrait finalement toujours dépasser le niveau descriptif pour aboutir à une conclusion de caractère historique dans le sens le plus large du mot.

La catégorie de vestiges celtiques la plus nombreuse connue actuellement, à l'exception cependant de la période finale, est constituée par les nécropoles. Elles nous apportent de précieuses informations non seulement sur les rites funéraires, mais aussi l'importance, la structure sociale, la durée ainsi que la continuité ou discontinuité des groupes humains qui les utilisaient. Le mobilier de chaque sépulture — effets personnels et offrandes funéraires — constitue en outre un ensemble d'objets qui sont, sinon fabriqués, du moins enfouis au même moment. L'évolution de la forme imprime au mobilier des sépultures appartenant à des générations successives des différences qui, théoriquement, devraient nous permettre de les reclasser chronologiquement. En réalité, c'est une tâche presque impossible même pour les nécropoles les plus riches. Les difficultés sont en effet nombreuses : incertitude sur la durée d'utilisation de certains types d'objets, en particulier ceux qui sont peu sensibles aux variations de la mode et ne sont en conséquence pas toujours remplacés par des types nouveaux, le fait que certains ne subissent pendant des périodes très longues que des modifications presque imperceptibles, ou, par exemple, le fait que deux objets différents de la même catégorie ne sont pas nécessairement décalés dans le temps, mais peuvent provenir simplement d'ateliers différents.

A défaut de superpositions de sépultures, relativement rares, la topographie de la nécropole peut cependant apporter une aide substantielle quand il est possible de déterminer au moins approximativement le mécanisme de son extension : progression linéaire dans une direction ou essaimage à partir d'un ou plusieurs noyaux initiaux. Le cas le plus connu est celui de la grande nécropole suisse de

Münsingen près de Berne, qui s'est étendue du nord au sud.

Les sépultures constituent le point de départ de tous les systèmes chronologiques qui sont fondés en conséquence, ainsi que nous allons pouvoir le constater, principalement sur les objets qui y sont les plus fréquents : le mobilier métallique, en particulier les parures.

Elles fournissent en outre un abondant matériel anthropologique, source de premier ordre pour connaître les caractéristiques de la population — morphologie, âge et ses variations par sexe et catégorie sociale, type de nourriture, maladies, etc. — et leurs différences régionales. Cette étude qui devrait être de règle n'a été faite malheureusement que dans des cas exceptionnels. Les vestiges anthropologiques ont été le plus souvent complètement négligés au moment de la fouille, seuls les objets étant considérés comme dignes d'étude et une estimation rapide du sexe, souvent faite d'ailleurs d'après la nature du mobilier funéraire, jugée largement suffisante.

Signalons cependant que le peu que nous savons sur l'anthropologie des Celtes protohistoriques est tout à fait en désaccord avec l'idée, très répandue encore aujourd'hui, d'une race celtique d'hommes grands, blonds ou roux à peau claire, sorte d'analogie moins nordique du *Herrenvolk* germanique magnifié par les anthropologues allemands d'entre-deux-guerres. En réalité, il semble que les Celtes sont, au moment où nous arrivons à les identifier avec certitude (v^{e}-ive siècle av. n. è.), déjà presque aussi hétérogènes que les populations actuelles. Cette situation s'accentue encore au courant des iiie et iie siècles par le brassage de populations celtiques et non celtiques que provoque l'occupation de nouveaux territoires. Il ne faut pas oublier que l'image de l'aspect physique des Celtes qui nous est parvenue à travers les auteurs antiques est une sorte de portrait-type fondé principalement sur les caractères les plus étrangers aux Méditerranéens, mais pas nécessairement les plus fréquents. Même si nous arrivons un jour à identifier les populations celtiques à une époque plus ancienne, il est improbable que l'homogénéité de leurs caractères anthropologiques justifie l'introduction d'un concept de « race celtique ».

Les habitats constituent une source d'information aussi précieuse que les nécropoles, mais exploitée d'une façon très inégale. La fouille d'une cabane est plus lente et compliquée que celle d'une sépulture, son résultat est incomparablement plus sensible aux erreurs et aux lacunes de la documentation, le matériel, constitué presque uniquement par de la céramique, est moins spectaculaire, presque toujours fragmentaire, relativement abondant et d'une étude quelque peu fastidieuse. On comprend le peu d'attrait qu'exerça sur des générations d'archéologues ce genre de fouilles et la préférence accordée aux sépultures.

Une exception cependant : les habitats fortifiés, en particulier les *oppida*. Leur attraction était principalement due à la facilité que présentait leur repérage sur le terrain, l'espoir des chercheurs de confirmer l'identification avec un site historique et la concentration présumée des vestiges archéologiques qui accroissait la probabilité d'une découverte spectaculaire. Quand la richesse de certains *oppida* en monnaies et autres objets d'intérêt commercial fut connue, la cupidité des collectionneurs et de leurs fournisseurs entraîna malheureusement souvent une exploitation de grande envergure, sans bénéfice réel pour la science. Il en fut ainsi, par exemple, pour le riche *oppidum* de Stradonice en

Bohême, littéralement bouleversé par les chercheurs de trésors.

Bien que tout à fait fragmentaire, notre connaissance des *oppida* est meilleure que celle de l'habitat rural, difficile à repérer sur le terrain, de sorte que sa présence n'est généralement constatée qu'au moment de sa destruction accidentelle. L'emploi de machines lourdes a cependant révolutionné depuis la seconde guerre mondiale les fouilles d'habitats. Le décapage de la couche superficielle de terre arable sur de grandes surfaces permet de révéler par une différence de coloration ou de consistance toute atteinte humaine au sol vierge. On peut identifier ainsi non seulement les fosses ou les fonds de cabanes excavés, mais aussi les trous laissés par les poteaux qui constituaient l'ossature de constructions au niveau du sol édifiées en matériaux périssables. L'intérêt de l'information obtenue est en fonction de la superficie décapée, l'organisation d'un habitat, même petit, étant rarement perceptible à moins de plusieurs hectares. La situation varie naturellement selon la nature du sous-sol et celle des vestiges.

Les habitats celtiques présentent rarement une succession de niveaux archéologiques constituant une véritable stratigraphie. Le fait s'explique par le caractère relativement dispersé de l'habitat rural et par sa position sur des terrasses fluviales, plateaux ou autres lieux où l'apport naturel de terre n'a pas modifié sensiblement le niveau du sol protohistorique par rapport au sol actuel. L'apport humain est tout à fait négligeable sur un habitat rural où quelques unités couvrent souvent plusieurs hectares. Les vestiges dispersés sur le sol, qui auraient dans une situation privilégiée — habitat limité dans l'espace, terrain alluvial, zone d'éboulis, etc. — constitué un niveau archéologique, restent donc en surface et sont inévitablement détruits par les phénomènes naturels et la culture.

Les *oppida* se prêtent mieux à la formation de stratigraphies, mais l'importance des travaux de terrassement effectués au cours des reconstructions successives a provoqué généralement la destruction des niveaux anciens, à l'exception des zones protégées par des remblais. Ainsi, sur des *oppida* comme Manching en Bavière ou Staré Hradisko en Moravie, seule une couche superficielle relativement mince recouvre le sol vierge et les nombreuses traces de constructions successives qui y sont conservées. Situés le plus souvent sur des hauteurs, ils sont aussi plus exposés à l'érosion que les habitats de plaine.

Le déplacement ou le changement d'orientation des constructions récentes par rapport aux anciennes enregistrent cependant d'une autre manière les phases successives d'un habitat et forment ce que les archéologues appellent une stratigraphie horizontale. A la différence de la stratigraphie verticale évoquée précédemment, où la succession des niveaux constitue l'enregistrement ordonné des phases d'occupation du site, les niveaux supérieurs étant généralement plus récents que ceux qu'ils recouvrent, la stratigraphie horizontale ne fournit d'indication sur l'antériorité ou la postériorité d'une construction par rapport à l'autre que quand elles se chevauchent de telle façon que la plus récente endommage d'une manière évidente les vestiges de la plus ancienne. Ces cas sont moins fréquents que l'on pourrait croire et, pour peu que deux constructions soient éloignées l'une de l'autre, il est impossible d'affirmer ou d'infirmer leur contemporanéité sans avoir recours à l'analyse de leurs matériels archéologiques respectifs. Quand le site a connu une occupation intensive, comme par exemple les *oppida* déjà mentionnés de Manching et Staré Hradisko, la stratigraphie horizontale devient d'une telle complexité qu'elle est souvent impossible à interpréter.

L'étude des habitats est le complément indispensable de celle des nécropoles. Ils constituent la source principale pour la connaissance de l'économie et reflètent plus fidèlement que ces dernières, où les changements observés ne sont souvent que le résultat de modes ou d'influences, la continuité ou la discontinuité du peuplement d'une région déterminée.

Les installations de caractère technique situées en dehors des habitats — ponts, ports fluviaux, aménagements de voies, exploitations de matières premières en surface ou en profondeur, etc. — sont relativement peu connues, mais le nombre de découvertes est suffisant pour confirmer leur existence et susciter l'espoir de trouvailles plus nombreuses.

Le problème le plus délicat est certainement celui des lieux de culte, leur identification certaine n'étant possible que dans la mesure où les traces d'une activité religieuse ne peuvent être confondues avec celles d'une autre activité. Il faut bien dire que l'attribution de l'adjectif « cultuel » à certains vestiges, aussi bien objets que structures, fut à un moment donné une façon élégante de masquer l'incapacité de trouver une autre explication. Il en est autrement aujourd'hui et les caractéristiques archéologiques des lieux de culte celtiques commencent à apparaître peu à peu : sanctuaires à ciel ouvert constitués par des enclos quadrangulaires, puits à sacrifices, sources sacrées mais aussi temples à *cella* entourée d'une galerie.

Quant aux dépôts d'objets, dont les trésors monétaires constituent un cas particulier, plusieurs interprétations sont possibles, entre lesquelles il n'est pas toujours facile de choisir la plus probable : perte accidentelle, cachette, offrande votive ou autre. La nature du site peut faire cependant pencher en faveur d'une interprétation. Ainsi, le fait que les quelque 2 000 parures qui constituaient le prétendu trésor de Duchcov (Bohême) furent déposées dans une source thermale permet de présumer qu'il s'agit d'un dépôt votif.

Un cas complexe est celui des trouvailles aquatiques, récupérées généralement au cours de dragages fluviaux, où il est impossible de savoir avec certitude si un groupe d'objets relativement homogène, pouvant constituer théoriquement un dépôt, a été réuni en une seule ou plusieurs fois. Le site éponyme de La Tène en est un cas particulièrement remarquable : lieu de culte ou péage ? Entre ces deux principales hypothèses, la première semble prévaloir aujourd'hui, mais la seconde a toujours des défenseurs convaincus.

L'intérêt des trouvailles isolées est, en dehors de leur valeur intrinsèque, d'attester la fréquentation humaine de certaines zones sans trace d'implantation durable. Elles peuvent constituer ainsi un important témoignage positif sur les voies de communications en montagne ou en forêt.

II. — Leur datation

L'attribution d'une date aux vestiges protohistoriques et leur classement chronologique consécutif sont généralement une entreprise complexe qui s'appuie sur les données les plus diverses.

Le cas le plus simple, mais aussi le plus rare, est évidemment le rattachement des vestiges découverts à un événement historique bien daté : il en est ainsi, par exemple, pour les travaux de siège d'Alésia avec le matériel qui y fut recueilli et l'*oppidum* de Berne où les traces d'incendie révélées par la fouille sont mises en relation avec la destruction de leurs habitats par les Helvètes décrite par César.

La date de l'événement historique peut être aussi seulement approximative, mais la relation avec les vestiges archéologiques paraît indiscutable : il en est ainsi pour la destruction de l'*oppidum* de Stradonice en Bohême par l'invasion marcomane et de celui de Bratislava sur le Danube par les Daces.

Des événements historiques bien datés peuvent aussi constituer pour les vestiges une limite chronologique considérée comme *terminus ante quem* (date avant laquelle) ou *terminus post quem* (date après laquelle) : ainsi les sépultures des guerriers sénons, adversaires irréductibles des Romains, sont nécessairement postérieures à l'invasion du début du IVe siècle av. n. è. et antérieures à l'occupation romaine de cette partie de la côte adriatique.

Une autre possibilité de datation concerne les ensembles contenant des objets importés de provenance méditerranéenne dont la date de fabrication est connue avec plus ou moins de précision : sépultures ou niveaux archéologiques contenant de la céramique ou des objets en bronze grecs et étrusques, des monnaies, etc. La date attribuée à l'importation constitue un *terminus post quem* pour l'ensemble auquel elle appartient. La date de constitution et d'enfouissement de ce dernier est cependant difficile à évaluer et peut être dans certains cas considérablement plus basse.

Les possibilités de datation citées précédemment ne concernent qu'un pourcentage très réduit des vestiges archéologiques et, de plus, seulement dans les régions où les contacts avec le monde méditerranéen ont été suffisamment nombreux. Dans la plupart des cas, la situation est la même que pour les périodes antérieures, d'où le recours aux nouvelles méthodes relevant du domaine des sciences naturelles. La datation à l'aide du radiocarbone donne pour la période qui nous intéresse des dates situées au mieux dans une fourchette de plus d'un siècle, donc trop approximatives pour être d'un secours réel.

Une aide substantielle sera certainement apportée dans l'avenir par la dendrochronologie, ou datation des bois à partir de l'analyse des cercles de croissance, qui permet de fixer à un an près le moment de l'abattage de l'arbre. Nous obtenons ainsi un *terminus post quem* dont l'écart par rapport à la date réelle de l'ensemble est sans doute relativement faible. Quelques dates fixées ainsi montrent l'intérêt de cette méthode : — 430 (date révisée) pour un vestige du bûcher funéraire de la sépulture princière d'Altrier (Luxembourg) ; — 251 pour des poutres du pont Vouga à La Tène ; — 229 pour un bouclier trouvé sur le même site ; — 38 pour une voie aménagée dans le lit passagèrement asséché de la Thielle sous le pont Desor, toujours du site éponyme ; — 224 pour le pilier III et — 120 à — 116 pour le pilier II du pont de la Thielle de Cornaux-les-Sauges ; vers — 101 pour un élément d'une charrette à ridelles entraînée dans le fleuve lors du sinistre de ce pont ; — 170 à — 122 pour les pilotis d'un pont sur la Moselle en amont de Trèves ; — 225 à — 65 pour des bois recueillis dans les salines de Bad Nauheim (Hesse) ; — 123 pour le coffrage du puits de l'enceinte cultuelle de Fellbach-Schmiden, dans les environs de Stuttgart ; — 105 pour une structure découverte devant la porte orientale de l'*oppidum* de Manching.

Les datations en chronologie absolue constituent une trame à laquelle est rattachée la chronologie dite relative, élaborée par les archéologues pour permettre le classement de tous les vestiges. Elle repose principalement sur les observations stratigraphiques — verticales ou horizontales — évoquées ci-dessus et la typologie, méthode dont l'objet est de distinguer les types de chaque espèce de vestige, d'établir leurs rapports et leur succession dans le temps. Elle est appliquée surtout aux vestiges mobiliers.

Le postulat de la méthode typologique, dont l'emploi systématique dans l'archéologie fut introduit vers la fin du siècle dernier par le Suédois Oscar Montelius, est que la forme d'un objet se modifie progressivement de façon à atteindre celle qui est le mieux adaptée à sa fonction. Elle se stabilise alors, pour reprendre son évolution dans le cas où une modification de la fonction le rend nécessaire. On peut ainsi établir théoriquement une série de types successifs pour chaque espèce d'objet et tenter de retrouver à chacun son équivalent chronologique dans les autres séries afin d'obtenir le portrait typologique d'une période déterminée. Le moyen employé généralement pour arriver à ce résultat est la comparaison de l'association des types dans les ensembles censés contenir des objets à peu près contemporains : les archéologues donnent à ces trouvailles, dont la sépulture est le cas le plus simple et le plus fréquent, le nom d'ensembles clos.

Apparemment simple, cette méthode qui aboutit à l'établissement d'une chronologie archéologique présente en réalité de nombreuses difficultés et se trouve sujette à de multiples erreurs, dont la cause remonte fréquemment déjà à la définition initiale du type.

III. — Les chronologies archéologiques

Elles constituent malgré les réserves formulées ci-dessus un outil indispensable dont la validité générale est incontestable, les modifications qu'apporte l'analyse plus détaillée de certaines séries ne concernant que les questions de détail.

Dès le dernier quart du XIXe siècle, la différence entre le mobilier des innombrables sépultures de type dit marnien et le matériel des grands *oppida* (Stradonice, Bibracte, etc.) ne manqua pas d'attirer l'attention de certains chercheurs qui exprimèrent d'une manière plus ou moins explicite la nécessité et le bien-fondé d'une subdivision de la période laténienne alors nouvellement distinguée. Ainsi, le savant tchèque Štěpán Berger remarqua dès 1882 la différence typologique et chronologique entre les fibules de la trouvaille de Duchcov (Dux), d'une part, et celles du site de La Tène et de l'*oppidum* de Stradonice, de l'autre. Des observations du même ordre amenèrent à peu près au même moment Gabriel de Mortillet à détacher de sa période marnienne une époque beuvraysienne (de Mont-Beuvray, nom actuel de Bibracte).

La première subdivision de la période laténienne fondée sur des observations typologiques précises, et généralement acceptée, fut élaborée par le directeur du musée de Königsberg Otto Tischler et présentée en 1885. Elle est tripartite et fondée sur la typologie des fibules et des épées : la période ancienne (I : 400-300 av. n. è.) est caractérisée par la fibule à pied libre (comme celles de la trouvaille de Duchcov) et l'épée à pointe effilée, dont le fourreau se termine par une bouterolle ajourée de forme plus ou moins circulaire, la période moyenne (II : 300-100) par la fibule au pied rattaché au sommet de l'arc (comme la majeure partie des fibules trouvées sur le site de La Tène), une épée plus longue que la précédente avec un fourreau à bouterolle pointue ou légèrement arrondie ; la période tardive (III : de 100 au début de l'ère chrétienne) est enfin caractérisée par les fibules dont le porte-ardillon est constitué par une sorte de cadre (les plus fréquentes dans le matériel des grands *oppida* comme Bibracte ou Stradonice) et une épée à extrémité arrondie destinée à frapper de taille.

L'archéologue allemand Paul Reinecke (1902) s'attacha aux problèmes du début de la civilisation laténienne, qu'il fit remonter jusqu'au début du ve siècle av. n. è. et détermina une phase de formation (La Tène A : 500-400) qu'il plaça avant la première phase de Tischler. La définition de cette phase est fondée principalement sur le mobilier des sépultures dites princières et contenant des importations gréco-étrusques du ve siècle. La détermination du contenu des trois phases suivantes tient largement compte des difficultés du classement typologique : la valeur chronologique des fibules y est remise en cause, ainsi que celle des épées. La chronologie de Reinecke, où les quatre périodes successives sont indiquées par les premières lettres de l'alphabet, complétée et subdivisée depuis par d'autres chercheurs (La Tène A, B 1-2, C 1-2, D 1-3), est utilisée principalement pour la zone au nord des Alpes.

Dans le domaine occidental, le principe de la chronologie tripartite de Tischler fut conservé par le protohistorien français Joseph Déchelette (1914), qui fit remonter cependant la première période jusqu'au début du ve siècle et précisa l'évolution typologique de toutes les catégories importantes du matériel. Il proposa aussi de distinguer une quatrième période (La Tène IV) pour les îles Britanniques où des manifestations tardives de la civilisation laténienne peuvent être suivies jusqu'en pleine époque impériale.

Dès 1908, la fouille de la grande nécropole de Münsingen près de Berne permit à son auteur Jakob Wiedmer-Stern, qui avait reconnu l'expansion de la nécropole du nord au sud, de subdiviser la première période de Tischler. Il distingua trois phases — I*a*, I*b* et I*c* — et tenta de séparer en deux la seconde période (II*a*, II*b*). Ce schéma fut repris et développé par David Viollier (1911), qui l'appliqua à l'ensemble des parures métalliques laténiennes provenant du plateau suisse. Il repoussa le début de la première phase (I*a*) vers le milieu du ve siècle, considérant que la phase I*b* devait correspondre à l'expansion celtique en Italie, dont un des événements les plus marquants fut la prise de Rome en

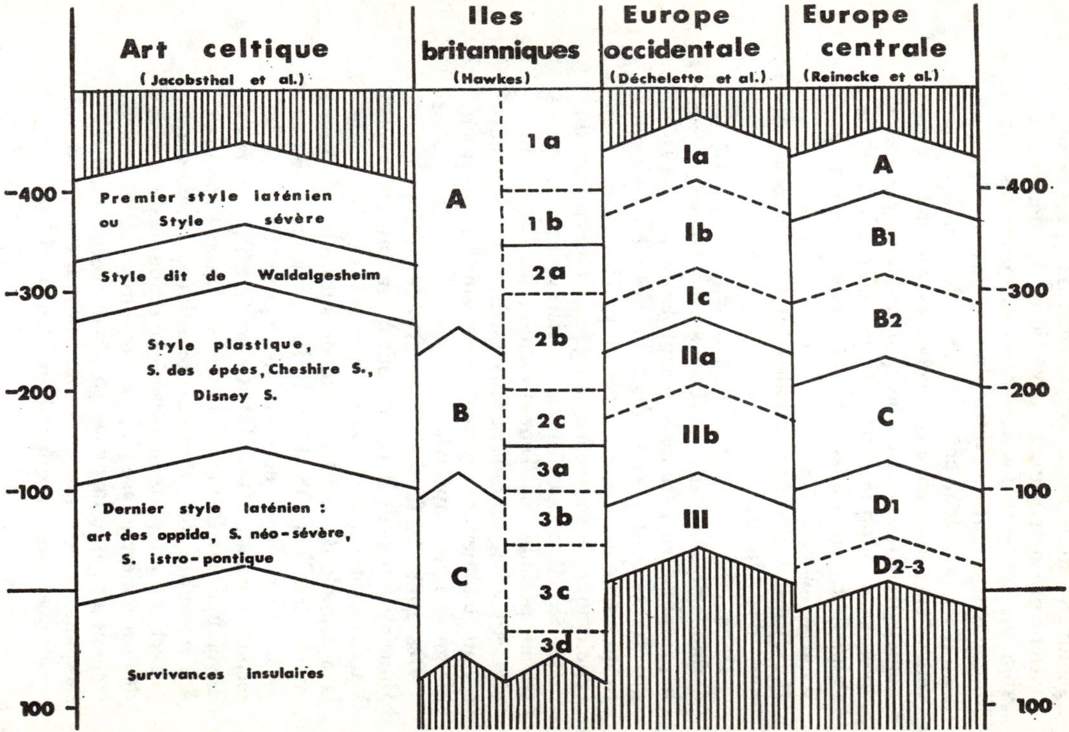
Art celtique
(Jacobsthal et al.)
Iles britanniques
(Hawkes)
Europe occidentale
(Déchelette et al.)
Europe centrale
(Reinecke et al.)
-400
-300
-200
-100
100
Premier style laténien ou Style sévère
Style dit de Waldalgesheim
Style plastique, S. des épées, Cheshire S., Disney S.
Dernier style laténien : art des oppida, S. néo-sévère, S. istro-pontique
Survivances insulaires
A
B
C
1 a
1 b
2 a
2 b
2 c
3 a
3 b
3 c
3 d
Ia
Ib
Ic
IIa
IIb
III
A
B1
B2
C
D1
D2-3

390-385 av. n. è. Il ne retint cependant pas la subdivision de la deuxième période et fit coïncider sa fin avec l'occupation romaine de la Gaule au milieu du Ier siècle av. n. è.

La synthèse des chronologies de Wiedmer-Stern, Viollier et Déchelette constitue la base du système chronologique utilisé actuellement dans le domaine occidental. Il n'y a pas de correspondance totale entre ce système et celui qui se fonde sur la chronologie de Reinecke.

Le savant tchèque Jan Filip (1956) tenta d'établir pour l'Europe centrale une chronologie de caractère historique à partir des données archéologiques : la première période (jusqu'à 400 environ) constitue le prélude à l'expansion historique des Celtes de la seconde période (400 à 250), la troisième est caractérisée par la concentration, la consolidation et la transformation de la vie économique (environ 250 à 125), la quatrième par l'essor des *oppida* et l'apogée de l'expansion économique des Celtes (environ 125 à 50), la dernière par la décadence et la fin des *oppida* sous la poussée germanique.

Une situation particulière est celle des îles Britanniques où la chronologie de l'Age du Fer fut établie par Christopher Hawkes (1931) en fonction des principales vagues d'invasion venant du continent, qui introduisirent les nouvelles modes et techniques. L'apparition généralisée du nouveau métal dans un milieu tardif de l'Age du Bronze semble avoir eu lieu vers la fin du VIe siècle av. n. è. Ce Premier Age du Fer (A) constitue le cadre dans lequel se manifestent aussi, en particulier à partir du IVe siècle, les premières influences laténiennes. L'introduction massive de la civilisation laténienne, provoquée par l'invasion de populations venant de Gaule, se déroule à la limite du IVe et du IIIe siècle et marque le début d'une deuxième période de l'Age du Fer (B). Une troisième invasion importante, celle des peuples belges, attestée par César, se place au début du Ier siècle av. n. è. et amorce une dernière période de l'Age du Fer préromain (C), qui se termine par l'occupation de la majeure partie du territoire britannique par les Romains dans la seconde moitié du Ier siècle de notre ère.

Ces trois périodes correspondent avant tout à des phénomènes culturels et leur valeur en chronologie absolue est tellement différente selon les régions, où elles sont d'ailleurs représentées avec une intensité très inégale, que leur inventeur a cru nécessaire (1959) de les doubler par un cadre chronologique général et invariable de trois périodes de l'Age du Fer subdivisées en phases (1*a*, 1*b* : de 550 à 350 ; 2*a*, 2*b*, 2*c* : de 350 à 150 ; 3*a*, 3*b*, 3*c*, 3*d* : de 150 jusqu'au début de la période romano-britannique qui varie selon les régions).

Quant à l'Age du Fer irlandais, sa limite inférieure est fixée arbitrairement par la christianisation du pays au Ve siècle mais sa chronologie reste difficile à établir. D'après les fouilles récentes, les premières influences laténiennes pourraient se manifester à partir du IVe-IIIe siècle av. n. è. dans un milieu marqué encore par la tradition locale du Bronze final à peine modifiée par quelques éléments hallstattiens.

Chapitre V

L'ART CELTIQUE

L'art laténien constitue certainement un des aspects les plus frappants de la civilisation celtique du Second Age du Fer. Pendant longtemps, les objets qui le caractérisent étaient simplement classés parmi les importations de provenance méditerranéenne, étrusques en particulier, ou considérés comme leurs imitations barbares et malhabiles, dénuées d'originalité. L'époque était d'ailleurs peu favorable à la compréhension d'un art qui, à la différence de l'art classique dont l'étude connaissait alors un essor remarquable, n'a pas su s'exprimer dans le domaine de l'architecture et de la sculpture monumentale. L'art laténien est un art appliqué aux petits objets : parures, armes, vaisselles, monnaies. Il n'a laissé que quelques rares sculptures en pierre et les vestiges architecturaux ne font pas preuve dans leur état actuel de la moindre recherche esthétique. Nous n'avons d'autre part qu'une idée très partielle et indirecte des ouvrages en bois, principale matière employée par les Celtes dans ces deux domaines.

Il n'est donc pas surprenant qu'à l'origine de l'identification scientifique d'un art celtique laténien et de la définition de ses rapports avec l'art méditerranéen soient les observations de l'archéologue allemand Adolf Furtwängler (1889) qui était un excellent connaisseur des petits objets. Depuis cette date, les spécialistes de l'archéologie celtique ne manquent jamais de faire appel, dans une mesure plus ou moins importante, à l'étude stylistique. Cette dernière apporte non seulement un complément d'une grande valeur à la classification typologique mais permet de déchiffrer le témoignage le plus fidèle que nous possédions du tissu complexe d'influences, d'héritages divers, de créations et de mutations qui ont modelé et transformé la civilisation celtique du Second Age du Fer. On peut établir ainsi une chronologie de la période laténienne fondée uniquement sur l'évolution stylistique, en particulier l'apparition, la transformation et la disparition des motifs ainsi que des modes de composition des décors.

La principale tentative dans ce domaine fut faite par Paul Jacobsthal (1944), qui distingua dans ce qu'il dénomma l'Art celtique ancien (*Early Celtic Art* : correspond à une période allant environ du ve siècle au IIe siècle av. n. è.) trois phases successives : la phase initiale du Premier style *(Early Style)*, une seconde phase caractérisée par un style dit de Waldalgesheim, d'après la localité rhénane où fut trouvé l'ensemble d'objets le plus spectaculaire qui y appartient, et une troisième phase comportant trois styles aux rapports mutuels assez complexes : le style dit plastique, celui des épées hongroises et enfin le *Cheshire Style*, nommé d'après le caractère ambigu et incomplet de certains masques qui évoquent les apparitions fugitives du chat souriant des aventures d'Alice de Lewis Carroll. Ces dénominations sont utilisées, non sans réserves d'ailleurs, encore aujourd'hui par la plupart des chercheurs malgré leur caractère hétérogène ; elles sont en effet inspirées successivement par des notions chronologique, topographique, technique, par le type de support et enfin par une comparaison quelque peu ésotérique empruntée au domaine littéraire.

Une série de tentatives ont eu pour but de modifier cette terminologie et de préciser la valeur relative et absolue de la chronologie stylistique. Ainsi, l'historien de l'art antique Karl Schefold (1950) essaya de démontrer le parallélisme entre l'évolution de l'art grec et celle de l'art laténien. Cette comparaison est valable surtout pour le début de la première phase et pour la troisième phase dont les tendances maniéristes évoquent celles de l'art hellénistique. Paul-Marie Duval (1964 et 1966) choisit comme point de départ d'une nouvelle terminologie l'organisation générale du décor : il distingua ainsi un Style sévère correspondant approximativement au Premier style de Jacobsthal, un Style libre dont les manifestations plastiques et graphiques recouvrent les deux phases suivantes et enfin un Style néo-sévère qui regroupe les dernières manifestations de l'art laténien (postérieures au IIe siècle av. n. è.), que Jacobsthal n'avait pas englobé dans son étude. L'archéologue danois Ole Klindt-Jensen (1953), qui tenta d'établir une concordance entre la chronologie archéologique et la succession des styles, donna à la dernière période de l'art celtique continental le nom de Style de Gundestrup, d'après le site où fut trouvé un remarquable bassin en argent de facture tardive et décoré par des sujets incontestablement celtiques. Comme cet objet présente de nombreux éléments stylistiques non laténiens mais fréquents dans les territoires qui bordent la mer Noire, l'emploi de cette dénomination est à déconseiller en dehors des régions situées sur la limite orientale du monde celtique. J. V. S. Megaw (1970) a introduit pour désigner ce groupe mixte, seulement en partie celtique et dont on peut discerner les premières manifestations peut-être déjà au courant du IVe siècle, le terme de Style istro-pontique. Ce même spécialiste de l'art laténien a délimité un groupe de figurations du IIIe siècle qui ne présentent pas l'ambiguïté du *Cheshire Style* et où le visage est obtenu par un assemblage d'éléments curvilignes rappelant la technique des créateurs de dessins animés. Il lui donna donc le nom de *Disney Style*.

Le terme de *métamorphose plastique* a été introduit ultérieurement par P.-M. Duval et V. Kruta pour désigner les formes transitoires, spécifiquement celtiques, qui associent des éléments végétaux, humains, animaux ou abstraits, dans des ensembles dont la nature prédominante est impossible à déterminer.

L'art insulaire, dont l'éclosion remarquable à partir du Ier siècle av. n. è. constitue une des manifestations les plus originales et les plus raffinées de l'art celtique, fut étudié particulièrement par Cyril Fox (1958) dont l'ouvrage constitue dans ce domaine l'équivalent de celui de Jacobsthal pour le continent.

Il est peu probable que des modifications importantes soient apportées dorénavant au schéma général du développement de l'art laténien : il débute par une phase archaïque de formation (Ve siècle et début du IVe) dominée par les influences étrusques, continue par une phase d'équilibre que l'on pourrait qualifier de classique (IVe siècle), où nous constatons un enrichissement du répertoire par l'introduction de nouveaux motifs d'origine principalement grecque (*Style végétal continu* de V. Kruta), une période d'épanouissement (IIIe siècle) au cours de laquelle sont exploitées à fond les ressources graphiques et plastiques du répertoire constitué auparavant et se termine enfin par une période qui ne présente pas la relative homogénéité des précédentes et où se côtoient les expressions stylistiques les plus diverses : résurgences d'une sorte de néo-classicisme laténien, raffinements maniéristes qui renchérissent sur ceux de la période précédente, influences étrangères plus ou moins assimilées et autres manifestations dont la nature précise reste à définir. Les survivances les plus longues sont celles des îles Britanniques et en particulier de l'Irlande, où les derniers échos de l'art laténien participent, au Ve-VIe siècle de notre ère, à la formation d'un art celtique chrétien d'une grande originalité.

Il est néanmoins nécessaire de souligner que l'art celtique du Second Age du Fer présente, en même temps qu'un esprit d'une incontestable unité, des caractères régionaux plus ou moins accentués, dans une mesure variable selon les périodes. C'est vers la détermination de ces faciès géographiques de l'art laténien et l'étude de leurs rapports mutuels qu'est tournée actuellement l'attention des spécialistes de ce domaine.

CHAPITRE VI

LA NUMISMATIQUE

Les monnaies celtiques attirèrent l'attention des amateurs d'antiquités au moins dès le XVIIe siècle et furent probablement les premiers vestiges attribués sans équivoque aux Celtes protohistoriques. Le premier atlas des monnaies gauloises, remarquable pour son époque et utilisable encore aujourd'hui, fut publié par Joachim Lelewel dès 1840, donc bien avant que les érudits aient pris conscience des autres aspects archéologiques de la civilisation celtique du Second Age du Fer.

On ne peut s'étonner que les trouvailles de pièces d'or celtiques aient non seulement suscité la curiosité des savants mais frappé même l'imagination populaire : des trésors comme celui qui a été découvert accidentellement en 1771 en Bohême près de Podmokly (à 20 km environ de l'*oppidum* de Stradonice) et comprenait plus de 7 000 monnaies en or d'un poids total de 50 kg, ou les ramassages fréquents de pièces en or éparses dans les champs de certaines régions, présentaient en effet quelque chose de merveilleux. C'est ainsi que, chez les paysans d'Europe centrale qui avaient remarqué qu'on trouvait ces monnaies surtout après la pluie, quand lavées elles brillaient au soleil, s'établit la poétique croyance qu'elles étaient produites par le contact de l'arc-en-ciel avec le sol, d'où le nom de « coupelles de l'arc-en-ciel » (all. *Regenbogenschüsselschen*), utilisé jusqu'à nos jours pour désigner certaines séries caractéristiques de ces régions.

Les monnaies celtiques ne furent néanmoins considérées pendant longtemps par les spécialistes que comme des imitations malhabiles et sans intérêt intrinsèque de prototypes grecs et romains. On tenta principalement de les y rattacher et d'établir un classement chronologique et géographique de ce numéraire prétendu barbare, sans songer toutefois à leur appliquer d'une manière systématique les méthodes d'analyse développées dans les autres branches de la numismatique, où le stade du classement à l'usage des collectionneurs et marchands de monnaies fut dépassé plus rapidement.

Ce n'est que récemment qu'une série de travaux, parmi lesquels la monumentale synthèse entreprise pour la Gaule par Jean-Baptiste Colbert de Beaulieu (1973) mérite une attention particulière, révélèrent la qualité et la quantité de l'information que pouvaient fournir ces vestiges, qui par leur dimension sont certainement parmi les plus modestes que les Celtes nous ont laissés.

C'est aussi seulement maintenant que l'on commence à découvrir l'intérêt artistique de ces créations de graveurs capables d'exécuter une image complexe dans un champ circulaire qui n'excédait pas 18 à 20 mm de diamètre. La contrainte que constituaient le maintien d'une ressemblance générale entre les émissions successives de la même cité en même temps que la nécessité de leur différenciation facile et sans équivoque développa chez ces artistes d'élite une virtuosité remarquable dans l'art de la variation. Les images monétaires sont décomposées en motifs plus ou moins stylisés pour être réorganisés ensuite en compositions nouvelles : transformations enrichies ou au contraire dépouillées du prototype, mais quelquefois aussi retour insolite à des formes réalistes qu'un observateur non averti placerait sans hésiter au début des séries dont elles ne constituent pourtant qu'un des derniers chaînons. L'étude stylistique des monnaies est d'une complexité d'autant plus grande que, ainsi que l'a démontré Paul-Marie Duval (1973), elle ne peut être entreprise qu'à partir d'images monétaires complètes, telles que l'artiste les grava sur le coin. Comme elles n'apparaissent presque jamais ainsi sur les flans dont le diamètre est généralement inférieur et que l'empreinte qu'ils portent est en plus souvent décentrée, il faut avoir recours à une laborieuse reconstitution graphique à partir d'un choix de pièces issues du même coin.

La qualité étonnante de certaines de ces miniatures plastiques, telles quelques-unes des monnaies des *Parisii* et des peuples belges et armoricains, ne fut d'ailleurs pleinement révélée que grâce à la technique de l'agrandissement photographique. Ces chefs-d'œuvre font partie des plus belles réussites de l'art celtique, fait d'autant plus remarquable qu'ils en perpétuent la vigueur et l'exubérance à une période (IIe et surtout Ier siècle) où nous assistons sur le continent à son appauvrissement généralisé.

L'introduction de la monnaie atteste chez les Celtes le déroulement d'une importante mutation économique : la substitution, au moins partielle, des échanges que facilite l'intermédiaire de la monnaie à la pratique du troc. La détention du pouvoir émetteur était non seulement une question de prestige mais aussi une source de profits certainement loin d'être négligeable, car, selon une règle bien connue, chaque émission présentait une légère baisse de la teneur en métal précieux (aloi) par rapport à la précédente, la valeur nominale étant censée être la même. On ne peut s'étonner dès lors que le monnayage reflète fidèlement non seulement la situation économique mais aussi les événements de caractère politique.

Les premières émissions des Celtes continentaux pourraient remonter à la fin du IVe siècle, mais le monnayage ne fut introduit dans les îles Britanniques que par les migrations belges du Ier siècle av. n. è. L'Irlande est la seule province du monde celtique où l'usage de la monnaie resta totalement inconnu, ce qui est bien en accord avec la structure primitive de son économie, connue par les textes.

Dans une grande partie de la Gaule, le système monétaire semble avoir été contrôlé dès ses débuts par les Arvernes, qui imitèrent, assez servilement au départ, les statères d'or de Philippe II de Macédoine (de — 359 à — 336) : monnaie très appréciée et ayant connu une longue période de circulation : on a pu la qualifier de « dollar de l'Antiquité ». C'est de ces « philippes », portant au droit la tête laurée d'Apollon et au revers un bige, que dérivent la plupart des images monétaires du domaine occidental avant l'abandon de l'étalon or.

Une exception intéressante est cependant constituée par l'imitation des statères d'or de Tarente (frappés entre — 344 et — 302 ; en circulation au moins jusqu'à la chute de la cité en — 272) chez les Ambiens de la vallée de la Somme. L'introduction, très vraisemblablement maritime, du type est généralement considérée comme une conséquence du commerce de l'étain. Ce fut le prototype principal de la zone belge.

Le monnayage de Marseille n'exerça avant l'occupation romaine aucune influence notable en Gaule transalpine, mais fut imité abondamment, peut-être dès le IVe siècle, en Cisalpine dans les territoires au nord du Pô, où les monnaies inspirées des drachmes d'argent massaliotes furent adoptées aussi par les Vénètes non celtiques. Les émissions padanes, comme d'ailleurs les autres numéraires celtiques, ont peu circulé en dehors de leur zone d'origine : un trésor trouvé en Cornouaille britannique constitue donc probablement un des rares témoignages du trafic de l'étain. Au sud du Pô, les Boïens semblent avoir adopté également un monnayage dérivé de la drachme massaliote. Les dernières recherches permettent de distinguer parmi les émissions padanes des faciès attribuables aux grands peuples de la région (Insubres, Cénomans, Boïens).

En Europe centrale, le prototype principal fut le statère d'or d'Alexandre (de — 336 à — 323). Quand aux Celtes de l'Est et du Sud-Est, leurs émissions comportent presque exclusivement des monnaies d'argent dérivées des tétradrachmes de Philippe II et Alexandre, de celles d'Antigonos Gonatas (de — 277 à — 239), dont nous savons que l'armée comportait en 274 av. n. è. un corps important de mercenaires celtiques, enfin, de celles des cités de Larissa, Thasos et Byzance. Les Galates d'Asie Mineure s'inspirèrent vraisemblablement surtout des monnaies de Tarse et de celles d'Euthydème de Bactriane (de — 222 à — 187).

La zone occidentale connaît un bouleversement total du système monétaire au cours de la seconde moitié du IIe siècle av. n. è., avec l'affirmation progressive des *civitates* et la fin du monnayage relativement unitaire qui est considéré traditionnellement comme l'expression d'une hégémonie exercée sur la majeure partie de la Gaule par le peuple arverne. Il n'y eut pratiquement pas de cité gauloise qui ne fût tentée de donner à sa souveraineté un aspect monétaire par l'émission d'un numéraire propre. Cette multiplication étonnante et relativement brusque des monnayages conduisit non seulement à une diversification sans précédent des types mais aussi à des variations locales de plus en plus fortes dans la baisse de l'aloi, autrement dit de l'augmentation de l'écart intentionnel entre la valeur nominale et la valeur réelle de la pièce de monnaie. Celles-ci n'étaient d'ailleurs considérées en dehors du territoire de la cité émettrice que pour leur poids en métal précieux, d'où la présence de petites balances parmi le matériel trouvé sur les *oppida*.

Trois peuples puissants de l'Est de la Gaule — les Lingons, Séquanes et Eduens — abandonnèrent alors l'étalon d'or du statère pour s'aligner sur le denier d'argent romain. C'est sans doute antérieurement, peut-être dès le IIIe siècle av. n. è., qu'apparaissent dans le Languedoc actuel les imitations de drachmes de Rhoda et Ampurias dites « monnaies à la croix ».

La dernière période du monnayage gaulois, qui, à l'exception de celui en or, n'est pas interrompu par la conquête romaine et ne se termine probablement que sous le règne d'Auguste, voit apparaître des espèces en bronze frappé ou coulé dans des moules d'argile imprimés par une matrice (potins). La circulation de ce petit numéraire gaulois est certainement la plus longue qu'aient connue des monnaies celtiques : on les trouve encore dans des contextes archéologiques du IIIe siècle de notre ère.

L'influence du monnayage romain se manifeste au Ier siècle av. n. è. aussi dans le domaine oriental, où les dernières émissions celtiques, frappées par les Eravisques de Hongrie, ne sont plus que de fidèles imitations du denier.

DEUXIÈME PARTIE

LES ÉVÉNEMENTS

CHAPITRE PREMIER

LE PROBLÈME DES ORIGINES CELTIQUES

Les populations celtiques avaient déjà derrière elles, quand elles furent reconnues par les Grecs et les Étrusques, une longue évolution dans l'anonymat des civilisations européennes du Premier Age du Fer et de l'Age du Bronze, que nous connaissons seulement par les vestiges archéologiques qui nous sont parvenus et les informations précieuses, mais malheureusement peu nombreuses, que la linguistique comparée et la toponymie nous fournissent.

L'attribution des cultures archéologiques de l'Europe barbare à des groupes ethniques reste tout à fait hypothétique avant la fin du Premier Age du Fer. C'est du moins la tendance actuelle de la science protohistorique, qui réagit ainsi contre les identifications catégoriques et quelquefois un peu simplistes qui étaient courantes jusqu'à l'entre-deux-guerres. Le concept de dérivation linéaire est d'ailleurs aujourd'hui généralement remplacé, dans l'ethnogenèse, par le processus plus complexe de formation dans lequel la filiation de la langue ne constitue qu'un aspect, certes important, mais non le seul déterminant. Le problème est bien illustré par la naissance des peuples modernes et, en inventant par exemple le terme, visiblement absurde, de Proto-Français qui s'appliquerait aux Gallo-Romains et aux envahisseurs germaniques, on mesure la dérision que représente celui de Proto-Celtes.

Les populations celtiques appartenaient à la branche occidentale de la famille indo-européenne qui pénétra à partir de l'Est ou du Sud-Est dans de vastes territoires habités par des populations autochtones assez solidement enracinées pour laisser des traces, parfois relativement substantielles, dans la toponymie. Les innombrables tentatives faites pour identifier l'apparition des Indo-Européens avec celle d'une culture archéologique bien caractérisée n'ont pas encore abouti à un résultat tout à fait satisfaisant. Un grand nombre de savants croient pouvoir les reconnaître dans les populations à prédominance pastorale de la fin de l'Enéolithique (connues sous le nom de peuples à hache de combat et dont le groupe le plus remarquable est celui de la céramique dite cordée) qui, au courant du IIIe millénaire, introduisirent en Europe centrale et dans certaines régions occidentales le cheval, les véhicules à roues et la coutume des sépultures individuelles sous tertre funéraire (tumulus). D'autres protohistoriens font même remonter l'apparition des Indo-Européens jusqu'au Néolithique, aux colons originaires d'Asie Mineure qui, par les Balkans et les régions danubiennes (d'où le nom de Néolithique danubien couramment attribué à cette civilisation), répandirent à partir du Ve millénaire l'agriculture jusqu'en Europe occidentale. Il est actuellement impossible de trancher la question et d'ailleurs rien ne prouve qu'il n'y ait pas eu plusieurs vagues successives. De leur côté, les conclusions de certains linguistes qui s'appuient sur l'examen du vocabulaire commun aux différents groupes indo-européens sembleraient indiquer que leur séparation coïncida à peu près avec l'apparition du métal.

On peut donc supposer avec assez de vraisemblance que les populations celtophones constituèrent un des principaux facteurs ethniques de l'Europe protohistorique déjà à l'Age du Bronze, c'est-à-dire à partir de la fin du IIIe millénaire. Il est cependant malaisé de les identifier parmi la mosaïque de cultures archéologiques anonymes dont les caractéristiques reflètent, d'ailleurs, dans certains cas probablement autre chose que l'appartenance à un groupe linguistique.

La localisation traditionnelle de ces anciennes populations celtophones dans une zone où apparaîtront plus tard les premières manifestations de la civilisation laténienne : c'est-à-dire les territoires étendus de la Bourgogne à la Bohême, au nord des Alpes et au sud des grandes plaines, est certainement très probable, mais n'en exclut pas l'existence de groupes hétérogènes ultérieurement assimilés. C'est donc avec quelque prudence qu'il faut envisager la celticité de la civilisation du Bronze moyen (second tiers du IIe millénaire) dite des *tumuli*, d'après son mode de sépulture caractéristique. Il est cependant incontestable que son héritage lointain peut être encore distingué dans le patrimoine culturel des Celtes du Second Age du Fer.

Un cas tout à fait particulier est celui de la civilisation plus récente dite des Champs d'urnes (XIVe à IXe siècles av. n. è.), nom d'ailleurs trompeur quant à l'exclusivité du rite funéraire de l'incinération. Sa large diffusion de l'Espagne à l'Europe centrale a porté certains savants à y reconnaître une première grande expansion celtique. Elle expliquerait notamment le peuplement celtique de la péninsule Ibérique, qui, d'après les sources autres qu'archéologiques, semble relativement ancien, tandis que les premiers éléments laténiens ne semblent pas y remonter plus haut que le début du IIIe siècle av. n. è. On crut même possible d'identifier cette hypothétique première vague celtique, à partir d'une théorie sur l'évolution des langues celtiques aujourd'hui abandonnée, avec les prétendus « Goidels ».

Il est certain que l'on peut difficilement douter de la présence des Celtes parmi les populations que recouvre la dénomination générique de Champs d'urnes, mais il est très probable qu'elle englobe aussi d'autres groupes ethniques. La civilisation des Champs d'urnes correspond en réalité à un degré de production et de consommation des objets en bronze inconnu auparavant et il est souvent difficile de distinguer une ressemblance qui est le résultat du rayonnement des centres de production de la véritable parenté culturelle. Par exemple, la similitude de certaines formes céramiques dans des régions éloignées s'explique certainement plutôt par l'imitation des mêmes vases métalliques que par un rapport direct entre ces régions ou même par un déplacement de population.

Les mêmes phénomènes semblent cependant marquer un peu partout la fin de l'Age du Bronze : la désintégration d'une structure sociale qui, aussi bien d'après l'habitat que d'après les nécropoles, semble avoir été auparavant relativement égalitaire et la différenciation progressive d'une classe privilégiée que caractérise notamment la présence de pièces de harnachement, accompagnées quelquefois d'armes, dans les sépultures. L'introduction d'armes en fer d'une redoutable efficacité donna à cette classe de chevaliers une importance croissante : ils constituèrent dorénavant l'élément déterminant de la structure sociale.

La civilisation du Premier Age du Fer qui fait suite à celle des Champs d'urnes est dénommée hallstattienne, d'après la nécropole de Hallstatt dans le Salzkammergut autrichien dont la richesse exceptionnelle fut le fruit de l'exploitation de mines de sel et du commerce de cette denrée. Ce fait explique sur le site éponyme la réunion d'objets qui caractérisent les deux grands domaines culturels qu'il faut en réalité distinguer sous ce terme générique : les civilisations hallstattiennes occidentale et orientale. La seconde semble appartenir entièrement à des populations non celtiques, dont nous connaissons au moins les Vénètes et les Illyriens de la bordure méridionale, ainsi que les Scythes de la cuvette des Karpates et leurs hypothétiques prédécesseurs, les Thraco-Cimmériens. C'est donc dans le cadre de la civilisation hallstattienne occidentale qu'il faut chercher les Celtes.

On peut y observer que la classe militaire s'organise autour de chefs, dont le pouvoir et le prestige croissants nécessitent bientôt la construction de résidences fortifiées et l'élaboration d'un rite funéraire particulièrement spectaculaire. La dépouille est portée à la sépulture, selon un cérémonial connu aussi en Grèce homérique et chez les Scythes, sur un char à quatre roues et ensevelie ainsi dans une chambre recouverte d'un tumulus avec les armes et de nombreuses offrandes alimentaires, parmi lesquelles le porc occupe la place de choix qui sera toujours la sienne chez les Celtes du Second Age du Fer.

Les spécialistes sont pratiquement unanimes à considérer ces guerriers hallstattiens, dans les territoires allant au moins de la Bourgogne à la Bohême, comme les ancêtres immédiats des Celtes laténiens. L'accord est moins total quand il s'agit de déterminer si cette classe militaire constituait un élément allogène par rapport au reste de la population, sur lequel les vestiges archéologiques nous fournissent une information qui se trouve être nettement moins substantielle. Certains considèrent que les Celtes s'étaient imposés comme classe dominante à des populations qui appartenaient à des souches ethniques différentes, d'autres ne voient dans l'apparition de cette classe que le produit de l'évolution interne de la société celtique. D'autres encore estiment, probablement avec raison, qu'il n'y a pas de contradiction entre les deux hypothèses et que la situation varie selon les régions. Ce que nous savons de la période suivante plaide en faveur de cette dernière approche du problème. Rien ne permet toutefois pour le moment d'éclaircir complètement cette question importante qu'est celle de la définition de la nature réelle du peuplement celtique avant la période laténienne. Il n'existe en effet pour le moment aucune preuve indiscutable de l'appartenance ethnique de ceux que l'on a appelés les « princes » du Premier Age du Fer.

Les difficultés et les incertitudes de l'identification ethnique des cultures archéologiques sans écriture sont bien illustrées par le cas de la culture dite de Golasecca du nord de l'Italie : de filiation clairement péninsulaire, elle appartient pourtant à une population de langue celtique, ainsi que l'attestent les documents épigraphiques.

Il est utile de rappeler que la civilisation hallstattienne, telle que nous la fait connaître l'archéologie, est, avec ses caractères qui peuvent être qualifiés sans exagération d'homériques, un cadre incontestablement mieux adapté à la société celtique que nous décrivent les textes irlandais que la civilisation laténienne à son apogée.

Chapitre II

LA NAISSANCE DE LA CIVILISATION LATÉNIENNE AU Ve SIÈCLE AVANT NOTRE ÈRE

La civilisation hallstattienne de type occidental est caractérisée par l'apparition et la diffusion de la sidérurgie, en particulier dans le domaine de l'armement, par l'essor d'un art décoratif essentiellement géométrique, la coexistence générale des rites funéraires de l'inhumation et de l'incinération, la constitution et le renforcement progressif d'une structure sociale hiérarchique, dominée par les chefs de la classe militaire. Ils résident sur des sites stratégiques permettant le contrôle des voies de communication et des principales ressources de matières premières, mais surtout l'établissement d'échanges commerciaux à longue distance, stimulé par la naissance des civilisations urbaines grecque et étrusque sur la bordure septentrionale de la Méditerranée.

C'est au contact avec ces civilisations que s'opère la transformation du monde hallstattien, héritier direct des traditions antérieures de l'Europe protohistorique. Transformation d'abord lente et inégale, puis véritable mutation qui, au cours du IVe siècle av. n. è., aboutit à l'assimilation complète des influences méditerranéennes, d'autant plus fortes que les Celtes entrent alors en contact direct avec le monde gréco-étrusque, et à leur fusion avec le fonds antérieur, lui-même considérablement modifié : c'est l'apparition de la civilisation celtique du Second Age du Fer — la civilisation laténienne sous sa forme classique.

Des relations suivies ont existé certainement entre l'Europe barbare et l'Europe méditerranéenne au moins dès le VIIe siècle av. n. è., mais elles connurent un essor particulier surtout au VIe siècle, grâce à la fondation de la ville phocéenne de *Massalia* (l'actuelle Marseille), située au débouché de ce qui semble avoir été une des voies principales de l'étain britannique ; grâce aussi à l'établissement des comptoirs gréco-étrusques d'Adria et Spina dans le delta du Pô, voie fluviale qui permettait une pénétration facile jusqu'au voisinage des passages alpins et que la proximité de la route dite de l'ambre mettait en relation directe avec la zone orientale du monde hallstattien.

La nature précise des rapports commerciaux entre les Grecs et les Etrusques d'une part et les Celtes ou leurs voisins de l'autre est difficile à déterminer. Les premiers importaient certainement des matières premières : étain d'origine britannique, cuivre alpin, or provenant des sables aurifères de Rhénanie et de Bohême, ambre de la Baltique, mais peut-être aussi des fourrures, peaux ou autres denrées qui pouvaient supporter facilement le long transport, enfin très probablement de la main-d'œuvre : prisonniers de guerre ou membres des classes inférieures vendus comme esclaves.

Les vestiges archéologiques attestent mieux les produits exportés par les centres méditerranéens. Une seule matière première : le corail utilisé à partir de la fin du VIe siècle par les artisans celtiques pour orner certaines parures métalliques. Une série de vases qui servaient surtout à la consommation du vin : œnochoés (cruches) pour servir la boisson, situles (seaux), cratères ou chaudrons pour préparer le mélange avec l'eau, passoires en bronze pour filtrer le liquide et le débarrasser des résidus de résines aromatiques, coupes pour boire et autres formes céramiques. On a même formulé l'hypothèse que ces articles n'étaient pas le véritable objet des échanges commerciaux, mais constituaient seulement des cadeaux qui accompagnaient la denrée principale : le vin, dont le transport est attesté sur un certain nombre de sites par les amphores vinaires ou leurs fragments. Leur absence dans les autres localités n'est néanmoins pas toujours significative car le vin devait être livré le plus souvent dans des outres, emballage mieux approprié aux difficultés du voyage et ne laissant aucune trace archéologique.

Le vin constitua donc un des principaux produits de luxe qui rehaussaient le prestige des chefs de la classe militaire dont un des plus grands privilèges était vraisemblablement la surveillance et le contrôle des échanges commerciaux passant par leur territoire. Sa consommation, au cours de festins probablement semblables à ceux dont les textes irlandais nous ont laissé le souvenir, assume progressivement une fonction sociale telle qu'elle devient même une partie importante du rite funéraire réservé à ceux que l'on appelle couramment les « princes » hallstattiens. Leurs sépultures contiennent ainsi généralement, avec les objets personnels et les offrandes, les ustensiles pour le service du vin. Le fait que ce privilège ne soit pas réservé aux hommes du rang le plus élevé mais puisse être aussi l'apanage de certaines femmes — c'est le cas de la « princesse » enterrée vers 500 av. n. è. au pied de la forteresse de Vix ou de son pendant plus récent de Reinheim en Sarre — est probablement le symptôme de l'existence de dynasties héréditaires.

La diffusion de la consommation du vin constitue

l'aspect le plus apparent mais certainement non le seul ni le plus important des influences méditerranéennes sur le monde hallstattien. Il reflète cependant fort bien un fait significatif : les principaux, sinon les seuls bénéficiaires du développement des rapports commerciaux à longue distance étaient les chefs militaires et leur entourage immédiat. Les produits importés contribuaient ainsi à augmenter l'écart considérable qui semble séparer les membres peu nombreux de la classe dominante du reste de la population. La difficulté que nous avons à discerner la trace archéologique de cette dernière, en particulier ses nécropoles, fait encore mieux ressortir la contradiction intérieure de la société hallstattienne. Il est bien évident que la situation présente quelques différences selon les régions et que l'évolution du phénomène est loin d'être uniforme.

On peut relever aussi des variations quand à l'importance du trafic sur les deux voies principales qui reliaient le monde celtique du nord des Alpes au monde méditerranéen. L'établissement de *Massalia* (vers 600 av. n. è.), colonie précédée peut-être d'ailleurs par un comptoir rhodien, avait ouvert d'abord le bassin du Rhône aux influences helléniques.

Les résultats des fouilles effectuées sur la forteresse du Pègue (Drôme) sont particulièrement intéressants à cet égard, car elles ont révélé les phases successives d'un habitat où se développe sous l'influence massaliote la production d'une céramique indigène peinte, si proche des modèles méditerranéens qu'on a pu lui donner le nom de céramique pseudo-ionienne. Le cas du Pègue est le mieux connu mais il est loin d'être le seul dans la région rhodanienne. L'*oppidum* connaît à partir du dernier quart du VIe siècle une prospérité remarquable grâce à son intégration dans l'économie massaliote mais, vers la fin du premier tiers du Ve siècle, le site est dévasté par un incendie et n'est plus occupé, pendant longtemps, autrement que sporadiquement. Cette destruction brutale est généralement mise en relation avec la descente des populations celtiques dans la vallée du Rhône, dont le résultat aurait été l'interruption temporaire du trafic de l'étain.

Cette hypothèse pourrait éventuellement expliquer aussi le déclin à peu près contemporain de la forteresse du mont Lassois à Vix (Côte-d'Or), qui semble avoir constitué un des relais les plus importants sur la voie qu'empruntait le trafic de l'étain entre la Manche, l'Atlantique et la Méditerranée. Le fait que les objets importés sur ce site sont d'origine étrusque aussi bien que grecque permet d'envisager sa liaison directe avec l'Italie du Nord, vraisemblablement à travers les passages du Jura, le plateau suisse et les cols alpins, fonctionnant en même temps que les relations avec *Massalia* par la Saône et le Rhône. Le site de Vix semble se trouver déjà dans une région qui était habitée au Premier Age du Fer par des populations celtiques, car sa parenté culturelle avec une série de sites échelonnés vers l'est jusqu'à la Bohême et la Thuringe est incontestable, en particulier en ce qui concerne le matériel métallique. Un caractère tout à fait original du mont Lassois est la présence massive d'une remarquable céramique peinte de motifs géométriques polychromes. Il s'agit d'une production indigène dont la filiation n'est pas encore clairement établie et dont la diffusion semble limitée aux territoires entre l'Yonne et la Marne.

L'*oppidum* du Camp de Château près de Salins (Jura), autre site ayant fourni des fragments assez nombreux de poteries grecques, semble avoir, lui aussi, connu un déclin progressif à partir du milieu du Ve siècle av. n. è.

Toutefois, les influences grecques partant de

Massalia atteignirent même, vraisemblablement par la Saône, la trouée de Belfort et le Rhin, le site bavarois de Heuneburg près de Sigmaringen sur le Danube (à environ 50 km au nord du lac de Constance), une des forteresses hallstattiennes les mieux connues, aussi bien par la quantité que la qualité des trouvailles. Son importance est vraisemblablement le résultat d'une position stratégique à un endroit où les voies venant de l'ouest, du nord et du sud débouchent sur la vallée danubienne. En plus d'objets importés et d'un fragment de moule qui avait servi à fabriquer une anse d'œnochoé de type étrusque, la forteresse de Heuneburg a fourni un exemple tout à fait unique d'influence directe de l'architecture militaire méditerranéenne dans le milieu hallstattien : au cours de la troisième reconstruction du site, les fortifications de type traditionnel en bois, terre et pierre furent remplacées par un mur de briques crues édifié sur un soubassement de pierres sèches au parement soigneusement appareillé. Cette enceinte présentait sur le côté nord, le mieux défendu par la nature, une succession de bastions quadrangulaires régulièrement espacés. L'adoption de cette disposition et de cette technique de construction, dont l'analogue la plus proche est l'enceinte de Géla en Sicile, ne peut s'expliquer que par l'intervention directe d'un architecte grec. C'était visiblement une entreprise de prestige, d'ailleurs peu adaptée aux conditions locales. Les reconstructions suivantes sont de nouveau effectuées selon la technique traditionnelle.

Comme les autres *oppida* hallstattiens, la forteresse de Heuneburg est entourée dans un rayon de quelques kilomètres par de nombreux tumulus. Le plus imposant d'entre eux — le *Hochmichele*, d'une hauteur de 13,5 m et d'un diamètre de 50 m — contenait au centre une sépulture « princière » à char pillée

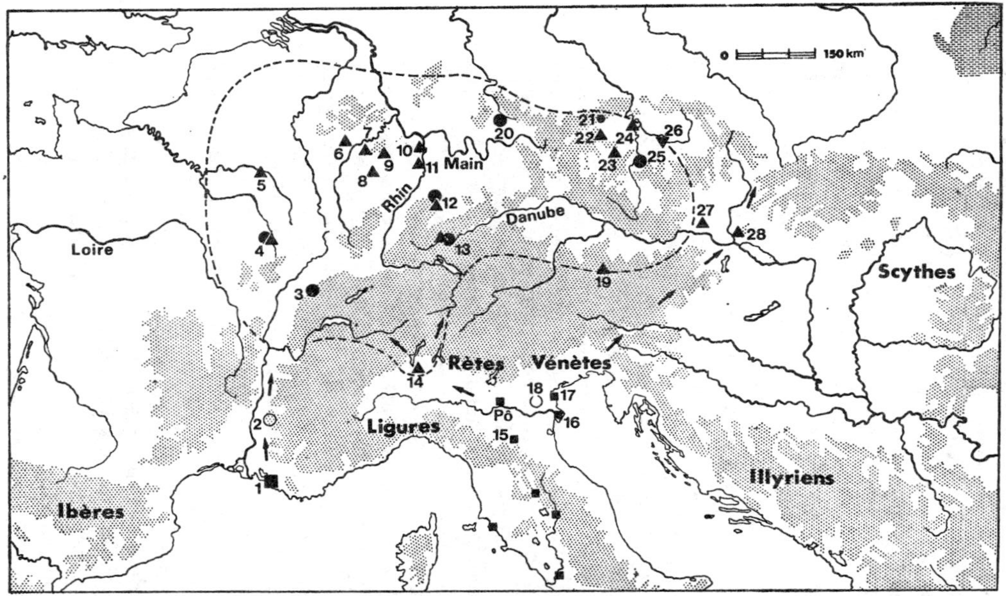

Fig. 2. — Le monde celtique au ve siècle avant notre ère : 1, *Massalia* ; 2, Le Pègue ; 3, Camp du Château ; 4, Vix ; 5, Les Jogasses ; 6, Altrier ; 7, Weiskirchen ; 8, Reinheim ; 9, Schwarzenbach ; 10, Schwabsburg ; 11, Laumersheim ; 12, Hohen Asperg et Klein Aspergle ; 13, Heuneburg ; 14, Golasecca ; 15, *Felsina* ; 16, Spina ; 17, Adria ; 18, Este ; 19, Hallstatt ; 20, Steinsburg ; 21, Kadaň ; 22, Hořovičky ; 23, Chlum ; 24, Cítoliby ; 25, Závist ; 26, Libenice ; 27, Kuffern ; 28, Stupava.

anciennement, mais une autre du même type, placée latéralement, était intacte. Parmi les nombreuses trouvailles, des vestiges de tissu apparemment modestes présentent un intérêt particulier. On a pu en effet y déterminer la présence de broderies en soie qui ne peuvent provenir que de la lointaine Chine, probablement par l'intermédiaire des Scythes nomades que leur avance vers l'ouest avait dû amener vers la fin du VIe et au courant du Ve siècle jusque dans le voisinage des populations celtiques. Il n'est pas totalement improbable que certaines influences orientales aient pu pénétrer ainsi directement en Europe centrale, sans le truchement grec et surtout étrusque.

Tout comme à Vix, la poterie indigène de Heuneburg comporte une céramique peinte aux décors géométriques, parmi lesquels certains, qui appartiennent déjà au Ve siècle, peuvent difficilement dériver du répertoire local mais présentent au contraire de curieuses ressemblances avec ceux qui ornent les tissus étrusques de cette époque, tels que nous les connaissons d'après les peintures.

A une centaine de kilomètres au nord de Heuneburg, la forteresse de Hohen Asperg, près de Stuttgart, semble avoir eu une importance comparable. C'est du moins ce que permettent de supposer les tumulus de ses environs : celui de Hirschlanden, surmonté à l'origine d'une statue de guerrier qui est un lointain écho de la sculpture grecque ou italique, et le tumulus dit *Grafenbühl* qui contenait des ivoires syro-phéniciens analogues à ceux que l'on trouve fréquemment en Etrurie.

Découvert et exploré récemment dans les environs, le tertre arasé de Hochdorf recouvrait une chambre funéraire, protégée par une imposante couverture de rondins et de pierres, où se trouvait un personnage armé et richement paré que l'on avait déposé sur un lit en bronze décoré, un objet exceptionnel importé sans doute d'Italie septentrionale. Il était accompagné d'un char d'apparat à quatre roues et d'un somptueux service de table pour plusieurs convives qui comporte un grand chaudron globulaire, fabriqué probablement dans une officine grecque d'Italie méridionale.

Les importations méditerranéennes se raréfient ensuite, en allant vers le nord et l'est. En Bohême, un seul fragment de céramique grecque est connu jusqu'à présent, trouvé dans une cabane du petit habitat rural de Kadaň sous les monts Métallifères, au débouché de la voie qui, par le haut cours de l'Ohře et celui du Main, relie cette région à la Rhénanie. Il est cependant probable que les fouilles systématiques des nombreuses forteresses hallstattiennes modifieront sensiblement le tableau. Ainsi, les fouilles entreprises sur le site de Závist au sud de Prague ont déjà révélé des constructions complexes en pierres sèches (fortifications et soubassements d'un sanctuaire), qui sont probablement les plus imposantes connues à ce jour du monde hallstattien.

En Thuringe, la forteresse de Steinsburg, près de Römhild, a fourni un matériel abondant qui permet de la classer parmi les grands centres hallstattiens, mais jusqu'à présent aucune trace sensible d'influence méditerranéenne directe. La série importante de fibules à tête d'oiseau ou de griffon stylisé, qui semble avoir été produite sur le site à partir du milieu du ve siècle, pourrait indiquer au contraire une certaine influence de l'art animalier scythe.

Dans la vallée du moyen Danube, les Celtes hallstattiens se trouvent soumis à une influence méditerranéenne, ou plus exactement nord-adriatique, différente des précédentes et véhiculée incontestablement par l'antique voie dite de l'ambre le long de la limite orientale du massif alpin.

La situle trouvée dans une sépulture à Kuffern au nord-ouest de Vienne est à cet égard particulièrement représentative. Selon le principe décoratif appliqué sur ces objets caractéristiques du milieu post-villanovien et atestin (nom donné à la civilisation vénète dont le centre était Este, au sud de Padoue) de l'Italie du Nord, ce seau est orné de diverses scènes (course de chars, pugilat, banquet) disposées dans un registre horizontal. L'objet n'est probablement pas antérieur au début du ve siècle, mais permet d'expliquer certains traits spécifiques, en particulier dans le domaine de la stylistique, que l'on peut observer dans le milieu celtique de la périphérie septentrionale du massif alpin.

Ce courant d'inspiration sud-orientale se manifeste d'une façon particulièrement spectaculaire dans le mobilier de la nécropole de Hallstatt. Une sépulture de la seconde moitié du ve siècle av. n. è. y a fourni un remarquable exemple de l'assimilation de ces influences par le milieu celtique : c'est un fourreau d'épée, déjà typiquement laténien par sa forme et orné d'une frise gravée de fantassins armés et de cavaliers, que leur équipement permet d'identifier comme étant des Celtes de cette région, exécutée dans la meilleure tradition de ce que l'on appelle l'art des situles.

Soumis à ces influences multiples et répétées, le monde hallstattien amorce une transformation dont les débuts presque insensibles ne se manifestent d'abord que dans les centres les plus importants.

On voit ainsi apparaître la technique de finition de la céramique au tour de potier. Connue à Vix et à Heuneburg dès le début du ve siècle av. n. è., elle se répand progressivement et provoque notamment l'élimination des formes carénées de la céramique fine au profit de types à contour courbe, mieux adaptés à la nouvelle technique.

Certains artisans qui travaillaient dans les centres « princiers », stimulés par leur clientèle ou particulièrement ouverts aux nouveautés, enrichissent alors leur vocabulaire décoratif, dont le géométrisme épuisait ses dernières ressources, en introduisant les motifs qui ornaient les objets importés. L'art décoratif des bronzes étrusques, avec ses motifs de tradition orientalisante, semble avoir exercé une influence prépondérante. Fibules ornées de masques d'origine étrusque, de têtes d'oiseau héritées du répertoire hallstattien, de griffons orientaux, garnitures travaillées au repoussé en or ou en bronze et ornées de motifs végétaux de caractère orientalisant (lotus, palmette), phalères ou autres objets gravés au compas ou à main libre, boucles de ceinturon ajourées, etc. : tous ces objets, souvent ornés de cabochons et d'incrustations en corail et en ambre, apparaissent côte à côte avec les importations dans les sépultures « princières » dispersées entre la Champagne et la Bohême à partir du milieu du ve siècle.

L'ensemble le mieux daté jusqu'à présent, la sépulture d'Altrier (Luxembourg), que l'analyse dendrochronologique situe aujourd'hui vers 430 av. n. è. n'est probablement pas parmi les plus anciens, mais est très caractéristique. Il comprenait, outre une fibule ornée de masques, un stamnos (grand vase à vin) en bronze étrusque et un anneau en or massif, une longue épée en fer à double tranchant : celle qui sera l'arme par excellence des Celtes pendant près d'un demi-millénaire.

Ces nouveautés, signes précurseurs de l'apparition de la civilisation laténienne limités au début à une couche très restreinte de la population, apparaissent toutefois sans que le fond culturel hallstattien, qui continue à évoluer lentement, subisse des modifications très sensibles. En réalité, on constate dans certaines régions périphériques, qui sont justement celles où les nouvelles acquisitions stylistiques ou techniques sont exceptionnelles, sinon absentes, l'apparition de nécropoles non tumulaires d'une pauvreté uniforme par rapport à celles de la zone « princière ». Malgré la différence de rite, le phénomène est le même en Champagne, où le cimetière à inhumation des Jogasses près d'Epernay constitue l'exemple type, et dans les plaines centrales de la Bohême où se développent alors les nécropoles à incinération du prétendu type de Cítoliby.

Le domaine des tombes « princières » se rétrécit d'ailleurs au courant de la seconde moitié du ve siècle pendant que se développe un phénomène d'une ampleur comparable, bien que vraisemblablement différent par ses racines : les sépultures de chefs guerriers dont les plus connues sont celles de la zone marnienne.

Il est permis de supposer à partir de ces indices que le ve siècle est sous le signe de l'éclatement, brutal ou progressif mais certainement pas uniforme, de la société hallstattienne, provoqué avant tout par ses contradictions internes, et stimulé peut-être aussi par des facteurs extérieurs, par exemple une détérioration climatique.

Le texte de Tite-Live relatif aux causes de l'invasion celtique de l'Italie est à cet égard assez significatif : la décision d'Ambigat d'envoyer ses neveux Bellovèse et Sigovèse à la conquête de nouvelles terres est motivée par la surabondance et la turbulence de la population. Ce n'est qu'un lointain reflet des événements réels, et il n'est pas certain que l'ancienne aristocratie ait réussi à prendre à temps l'initiative du changement, comme paraît l'indiquer ce texte. La fin, quelquefois violente, des grands centres hallstattiens semblerait plutôt témoigner du contraire.

On peut difficilement parler dès le ve siècle av. n. è. d'une civilisation celtique présentant une certaine uniformité. Seul le nouveau style décoratif, essentiellement aristocratique par sa destination, offre un caractère « international », mais sur un fond de faciès régionaux ancrés solidement dans l'évolution antérieure de la civilisation hallstattienne. L'unité apparente du Premier style laténien est principalement le résultat de la diffusion à longue distance des objets qui le caractérisent et semblent avoir suivi les mêmes voies qui portaient les importations gréco-étrusques vers les résidences « princières ».

Ainsi, la garniture en bronze plaqué d'une feuille d'or ornée au repoussé qui fut trouvée dans le tumulus de Chlum en Bohême a été fabriquée dans les mêmes ateliers que des objets analogues découverts dans les sépultures rhénanes de Laumersheim et Schwabsburg, de Weiskirchen en Sarre, ainsi que dans celle de Klein Aspergle près de la forteresse de Hohen Asperg, donc à des endroits distants d'environ 150 à 350 km. Il en est de même pour les phalères ornées de masques de la riche sépulture de Hořovičky en Bohême, qui contenait aussi, entre autres, un objet exceptionnel dans le milieu celtique du ve siècle — un chenet en fer d'origine étrusque. Le décor de ces phalères trouve ses analogies les plus proches dans les sépultures « princières » de Swarzenbach en Rhénanie et Weiskirchen en Sarre.

Les centres de production de ces objets étaient vraisemblablement peu nombreux et leurs produits atteignaient plus facilement les lointains chefs étrangers que les couches inférieures de la population locale.

On commence à mieux connaître maintenant l'habitat celtique du ve siècle av. n. è. dont les deux types principaux sont la résidence fortifiée et l'habitat rural.

Le type de fortification le plus répandu est constitué par un rempart de pierres sèches au parement appareillé et possédant une ossature de poutres verticales et horizontales. Il est précédé généralement d'un large fossé. La pierre utilisée pour la construction ne provenait pas toujours du site même : à Heuneburg, les carrières exploitées étaient éloignées de 5 km ; la pierre du rempart de la forteresse de Rubín, en Bohême du Nord-Ouest, fut même probablement transportée sur une distance d'environ 20 km. La superficie intérieure de ces enceintes hallstattiennes est minuscule si on la compare aux grands *oppida* de la fin de la période laténienne : environ 3 ha pour Heuneburg, qui n'est pourtant pas la place la plus exiguë de cette époque. La construction qui semble la plus fréquente à l'intérieur de ces forteresses est une maison charpentée en bois, construite au niveau du sol avec une ossature de poteaux verticaux. Le plan est rectangulaire, les dimensions moyennes sont d'environ 10 × 5 m et on peut noter quelquefois des traces de division intérieure ainsi que celles de fours ou de foyers, établis probablement, dans la plupart des cas, sur un plancher porté par des madriers. Ces habitations sont disposées à l'intérieur de l'enceinte d'une façon assez régulière, de façon à réserver de confortables aires de circulation et de réunion. On n'a trouvé pour le moment sur ces sites aucun édifice qui par ses caractères exceptionnels puisse mériter l'appellation de « palais ». C'est, au contraire, au pied de la forteresse de Heuneburg que fut découverte la construction qui semble pour le moment correspondre le mieux à ce que pourrait avoir été à cette époque une demeure aristocratique : un bâtiment charpenté, de 25 × 11 m, divisé à l'intérieur en quatre pièces et entouré d'une palissade. On a aussi trouvé à l'intérieur de l'enceinte un grand édifice de plan rectangulaire à trois nefs, dont les dimensions dépassaient 25 × 15 m. Il appartenait à l'une des dernières phases du site et sa fonction reste inconnue. Il semble s'agir toutefois d'un espace couvert à usage collectif ou fonction économique, plutôt que d'une habitation.

L'habitat rural paraît constitué, dans les régions où il est le mieux connu, comme dans certaines régions agricoles de Bohême, par de petites agglomérations qui ne comportaient pas plus de 3 à 5 unités d'habitation contemporaines, disposées généralement sans grande régularité. Ces hameaux sont situés le long des cours d'eau à intervalles réguliers de 2 à 3 km. Les unités d'habitation sont de nouveau les grandes maisons rectangulaires en charpente, construites au niveau du sol sur une ossature de poteaux verticaux et avec des dimensions variant autour de 10 × 5 m de moyenne. On y trouve cependant aussi, en particulier en Europe centrale, des cabanes quadrangulaires plus petites (4-5 m × 2-3 m), au sol excavé. Les deux types existent quelquefois sur le même habitat, ce qui inciterait à envisager une éventuelle diversité des fonctions. En réalité, rien ne permet de l'affirmer d'une façon catégorique, bien que certaines cabanes à fond excavé aient été probablement des ateliers plutôt que des habitations.

Parmi les structures que l'on suppose avoir servi au culte, la plus remarquable est certainement l'enclos découvert à Libenice, en Bohême centrale : une aire, dont le plan est un rectangle aux angles arrondis d'environ 80 × 20 m, était délimitée par un fossé bordé à l'intérieur d'un remblai assez bas ; près de l'une de ses extrémités étaient creusées deux fosses communicantes de plan ovale ; elles conte-

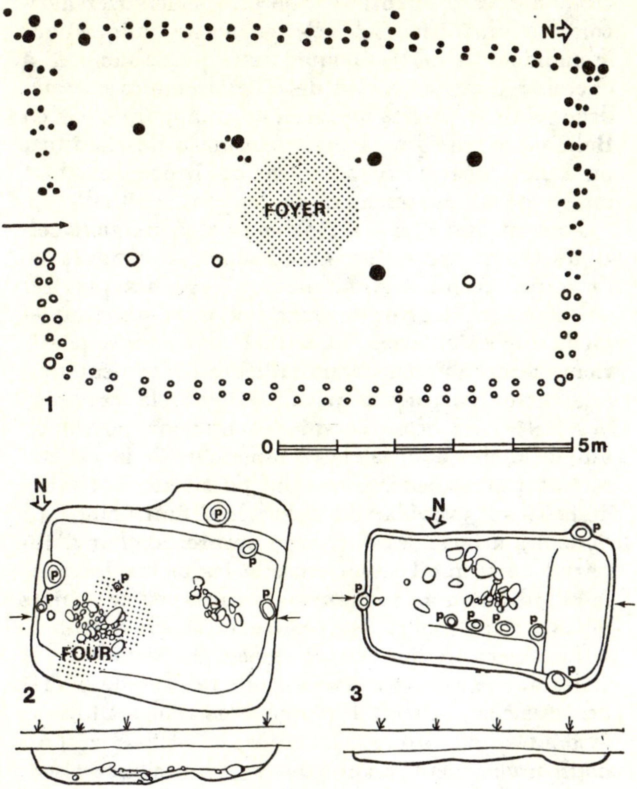

Fig. 3 — Cabanes celtiques du ve siècle avant notre ère : 1, Chassemy (Aisne), cabane n° 9 ; construction à poteaux au niveau du sol (d'après Bourreux et Rowlett) ; 2-3, Kadaň (Bohême), cabanes à fond excavé n°s 40 et 34, p = trou de poteau (fouilles de l'auteur).

naient un espace empierré qui servait vraisemblablement pour les sacrifices et une grande stèle grossièrement façonnée qui, en correspondance avec des portiques en bois disposés de part et autre du fossé, permettait probablement d'effectuer des visées astronomiques élémentaires, liées au calendrier agricole. Les antécédents de cette structure, unique pour le moment à cette époque, sont probablement à chercher dans les enclos de plan circulaire ou quadrangulaire, ouverts ou fermés, qui apparaissent en Bohême et ailleurs, dans le voisinage des habitats ou isolés, dès la fin de l'Age du Bronze et dont on suppose généralement la fonction cultuelle.

Le peu que l'on croit savoir de la religion celtique du ve siècle est uniquement le résultat de l'interprétation, souvent plus qu'hypothétique, des vestiges archéologiques, quand ce n'est pas simplement une spéculation à partir de documents postérieurs d'au moins un demi-millénaire. On peut toufois admettre sans trop de réticence la croyance des Celtes de cette époque en une vie posthume qui, du moins pour la classe supérieure de la société, n'était pas considérée comme tellement différente de celle qui précédait la mort : le défunt emportait donc ses armes, ses objets de parure, le char d'apparat, ainsi que la nourriture et les ustensiles pour le grand festin au royaume des morts, où ces objets devaient lui rendre le prestige qu'il avait ici-bas.

Le répertoire qui orne les pièces du service à vin et les autres objets de prestige de la seconde moitié du ve siècle, fournit les premières représentations évidentes de divinités celtiques. Elles restent malheureusement anonymes et sont caractérisées par leur association à des thèmes et des attributs — l'Arbre de vie et ses gardiens monstrueux, la palmette, la double feuille du gui, le cheval à tête humaine et d'autres — dont la plupart figurent encore sur les monnaies celtique du Ier siècle av. n. è.

Chapitre III

L'EXPANSION CELTIQUE DU IVe ET DU IIIe SIÈCLE AVANT NOTRE ÈRE

La désintégration de la société hallstattienne est accompagnée d'importants mouvements de groupes humains qui entrent au début du IVe siècle av. n. è. en conflit direct et brutal avec le monde méditerranéen. L'identité celtique des envahisseurs est aussitôt reconnue et l'anonymat qui recouvrait jusque-là l'ethnie transalpine la plus puissante par sa masse aussi bien que son dynamisme se trouve ainsi levé.

Les constatations résumées précédemment permettent de supposer que ces mouvements ont connu une certaine ampleur dès la première moitié du Ve siècle av. n. è., mais nous ne pouvons appuyer les hypothèses, établies uniquement à partir de documents archéologiques, par aucune source historique suffisamment explicite pour distinguer au moins les lignes générales d'un processus complexe aux inconnues aussi nombreuses.

Tite-Live fait remonter l'apparition des Celtes conduits par Bellovèse en Italie au règne de Tarquin l'Ancien (vers 600 av. n. è.), date généralement contestée et expliquée par une confusion entre les deux Tarquins, peut-être afin de relier l'événement à la fondation de *Massalia.* L'aide portée aux Phocéens aurait constitué un bon présage qui expliquerait le succès de l'expédition celtique. En déplaçant cette première invasion sous le règne de Tarquin le Superbe, on obtient une date (dernier quart du VIe siècle av. n. è.) qui est nettement plus acceptable, à condition toutefois de réduire la portée de l'épisode et de ne pas y voir l'invasion qui eut pour conséquence le peuplement celtique de la Cispadane.

C'est en effet précisément vers cette époque que, sous la pression accrue des Grecs d'Italie et de Sicile, la politique et l'économie étrusques prennent une orientation décidément terrestre et adriatique, marquée par la fondation des cités de *Felsina* (Bologne), *Misa* (Marzabotto ?), *Mantua* (Mantoue) et *Melpum* (dans les environs de Milan), ainsi que des comptoirs maritimes de Spina et Adria. L'Etrurie pouvait maintenir ainsi non seulement le contact direct avec l'économie athénienne, mais s'ouvrait aussi l'accès aux passages alpins et par eux au monde celtique. Et, effectivement, le Ve siècle est, comme nous avons pu le constater, sous le signe de l'augmentation remarquable des exportations étrusques dans le domaine transalpin. Le contact entre ces deux civilisations devient même alors assez direct pour qu'à leur tour quelques objets hallstattiens, en particulier des fibules tout à fait caractéristiques pour le début du Ve siècle av. n. è., échouent jusqu'à Marzabotto, Bologne, ou même au centre picénien de Numana au sud d'Ancône, mais toujours retrouvés dans des contextes qui appartiennent incontestablement à la population indigène. C'est la période de grande prospérité de l'Etrurie padane qui ne semble troublée par aucun événement rappelant, même de loin, l'irruption d'un peuple étranger assoiffé de butin et de terres.

La seule région cisalpine où doit être envisagée une présence celtique est l'aire de la civilisation dite de Golasecca (cf. carte 1), qui s'étendait au débouché des vallées alpines entre le lac Majeur et la ville actuelle de Bergame et dont l'extension correspond approximativement à la zone où apparaissent les inscriptions lépontiques. La datation haute de certaines de ces épigraphes (Castelletto Ticino : première moitié du VIe siècle av. n. è. ; Prestino : fin du VIe siècle av. n. è.) indique sans aucun doute possible qu'une partie au moins des populations caractérisées par cette culture, de souche incontestablement nord-italique, parlaient une langue celtique. Rien ne permet de fixer actuellement la date de leur installation dans le nord de la Lombardie, mais elle pourrait être très ancienne et remonter même jusqu'à la fin de l'âge du Bronze. Cette situation explique le fait qu'ils adoptèrent un alphabet dérivé de celui des Etrusques, comme l'étaient aussi ceux de leurs voisins, les Rètes et les Vénètes, dont l'usage ne s'est apparemment pas développé chez les groupes celtiques qui immigrèrent en Cisalpine au début du IVe siècle av. n. è., pourtant en contact direct avec l'Etrurie.

La vague humaine qui fut à l'origine du peuplement celtique de l'Italie est presque certainement, aussi bien suivant les sources historiques que d'après l'archéologie, l'invasion qui eut comme péripéties finales le siège de *Clusium* (Chiusi), la défaite romaine sur l'Allia et la prise de Rome en 390/385 av. n. è. Les auteurs de ce coup de force sont, d'après la tradition les Sénons, désignés comme étant le dernier peuple de la grande invasion celtique établi en Italie. Ils s'installent au début du IVe siècle le long de la côte adriatique, sur une bande de 60 km de profondeur sur 100 km de long s'étendant entre les villes actuelles de Pesaro et Macerata. Ce territoire est d'un remarquable intérêt stratégique, car en contrôlant l'accès à la vallée du Tibre il constituait la clé de l'Italie centrale et permettait de faire peser en même temps une menace constante sur les villes d'Apulie et de Campanie. L'opération, qui semble avoir épargné une grande partie des centres de l'Etrurie padane, dont on ne constate pas le déclin immédiat, fut menée avec une rapidité qui prouve une connaissance parfaite des conditions locales. On ne peut s'empêcher d'éprouver un certain doute quant à la spontanéité de l'opération et d'y voir au contraire une manœuvre préparée d'avance et peut-être même voulue par un des protagonistes locaux de la lutte pour l'hégémonie. Etrusques désirant faire peser une menace sur leurs voisins méridionaux ? Syracusains dans le cadre de leur tentative de pénétration en Adriatique ? Nos connaissances actuelles ne permettent pas d'éclaircir la question.

C'est peu après la descente des Sénons sur Rome qu'est mentionnée la première fois l'existence de mercenaires celtiques participants aux conflits méditerranéens. Il est quand même intéressant de noter que ces mercenaires, dont l'origine géographique n'est pas précisée, étaient à la solde de Denys de Syracuse dont les visées adriatiques sont bien connues. On a donc tout lieu de supposer qu'ils furent enrôlés en Italie, probablement au comptoir syracusain d'Ancône. Le mercenariat celtique prend par la suite, surtout à partir de la mort d'Alexandre où les Celtes combattant dans les armées des divers partis se comptent par milliers, une ampleur telle qu'on a pu parler à son propos d'hémorragie continue du monde celtique. Il ne faut cependant pas oublier que ce fut aussi le phénomène dans le cadre duquel le contact entre le monde méditerranéen et le monde celtique fut le plus étroit et l'assimilation des influences culturelles la plus profonde et la plus durable. C'est ainsi que l'introduction de l'usage de la monnaie chez les Celtes vers la fin du IVe ou le début du IIIe siècle doit être attribuée au mercenariat plutôt qu'aux rapports commerciaux qui n'ont été probablement qu'à l'origine de l'apparition postérieure de certains types monétaires.

Il est d'autre part vraisemblable que les vétérans ou les mercenaires en rupture de contrat prenaient une bonne place dans l'organisation des razzias qui visaient avec une efficacité et une rapidité redoutables les richesses accumulées dans les centres méditerranéens

L'Italie du Nord a certainement constitué l'un des marchés du mercenariat les plus importants et les plus anciens. Ce débouché s'y ajoutait d'ailleurs à la possibilité de participer aux expéditions vers l'Apulie, la Campanie et l'Etrurie, qui semblent se succéder à intervalles assez courts dans le second tiers du IVe siècle av. n. è. et furent organisées probablement par les Sénons. Le casque de guerrier celtique découvert à Canosa en Apulie constitue sans doute le témoignage archéologique d'une de ces descentes, connues par ailleurs principalement par les textes.

Un intense va-et-vient s'instaure ainsi entre la Celtique transalpine et la Gaule cisalpine, portant vers l'Italie des guerriers en quête de richesses et de combats et ramenant, en retour, les raffinements d'une nouvelle culture qui se développe au contact des civilisations grecque et étrusque.

Aucune des sépultures de l'ancienne aristocratie du Ve siècle ne peut être comparée à la richesse des nécropoles sénones dont les plus connues sont celles de Montefortino et Filottrano à l'ouest d'Ancône. Elles contiennent des casques en bronze et en fer d'un type nouvellement adopté, des vases en bronze se chiffrant quelquefois par dizaines, des vases en argent, en verre, en albâtre, des parures en or, en argent ou en bronze, des perles d'ambre ou de verre, des intailles, des poteries grecques et étrusques auxquelles s'ajoutent par dizaines les céramiques de production locale, enfin des chenets et faisceaux de broches en fer qui signalent l'emprise du milieu italique sur le rite funéraire. Ces articles sont en majorité de provenance grecque ou étrusque. On peut toutefois relever aussi la présence d'objets (torque, fourreaux d'épées, fibule) qui portent des décors incontestablement celtiques. Ils signalent le renouvellement presque total de l'ancien répertoire, provoqué certainement par l'impact direct de l'art décoratif gréco-étrusque, principalement de ces motifs d'origine végétale, parmi lesquels le rinceau a connu un succès particulier.

La vogue de ce nouveau style laténien, auquel on a donné, d'après une trouvaille de Rhénanie, un peu hâtivement à notre avis, le nom de Style de Waldalgesheim, est d'autant plus subite dans l'ensemble du monde celtique qu'il est adopté immédiatement par la nouvelle aristocratie militaire, née des campagnes italiennes de la première moitié du IVe siècle et revenue en partie dans les régions transalpines. Elle s'était enrichie de telle façon que ses sépultures tranchent souvent si nettement sur le milieu local qu'elles semblent constituer le prolongement direct des sépultures « princières » de la période précédente.

La nouvelle aristocratie revenant des campagnes d'Italie rapporta des objets fabriqués dans les ateliers celto-italiques, mais souvent difficiles à distinguer des imitations locales qu'ils suscitèrent aussitôt. Certaines œuvres d'art de cette origine sont cependant plus faciles à identifier grâce à l'emploi de techniques inconnues jusqu'à présent des artisans laténiens, et à la finesse exceptionnelle du travail. C'est, par exemple, le cas des remarquables casques d'apparat trouvés à Amfreville (Eure) et plus récemment à Agris (Charente). Leur riche décor d'indiscutable filiation celto-italique est rehaussé par l'emploi abondant de matières colorées, corail et émail rouge. Un autre exemple est une fibule trouvée à Berne en Suisse : elle est ciselée avec une finesse exceptionnelle en argent, métal pratiquement inconnu à cette époque dans le domaine transalpin, mais commun au contraire en Italie septentrionale. Le décor de cette fibule, de forme typiquement laténienne, reproduit des rinceaux grecs qui n'ont encore subi pratiquement aucune transformation. Il y a aussi certainement des objets plus modestes et donc plus difficiles à identifier : c'est probablement le cas d'une paire de garnitures ajourées en bronze trouvées à Čížkovice, en Bohême du Nord-Ouest.

Le phénomène de mutation semble avoir été le plus intense dans la zone dite marnienne, dont les nécropoles attestent à la fin du ve siècle le peuplement dense, mais aussi l'évolution locale des parures métalliques et de la céramique à partir des formes hallstattiennes. Nous assistons alors à la brusque apparition de sépultures de chefs militaires, enterrés sur un char de guerre à deux roues et équipés, en plus de l'épée et des lances ou javelots, généralement du casque, qui est orné souvent, de même que d'autres éléments du mobilier funéraire, dans le nouveau style laténien. Ces tombes, dont les mieux connues sont celles de Berru, La Gorge-Meillet, Sept-Saulx, Cuperly et Somme-Bionne, sont plus ou moins contemporaines, à l'exception toutefois de la dernière qui est plus ancienne et appartient encore à la seconde moitié du ve siècle. Elles faisaient partie de nécropoles à tombes plates mais étaient à l'origine recouvertes d'un tumulus entouré quelquefois d'un fossé.

Quant à l'origine du char de guerre celtique à

deux roues, attesté à partir du milieu du Ve siècle et utilisé jusqu'à l'époque romaine chez les Celtes insulaires, il faut probablement la chercher en Italie, où la présence de véhicules de ce type est attestée dans les sépultures depuis la fin du VIIIe siècle av. n. è.

La zone marnienne n'est pas la seule où se manifeste la nouvelle mode : la sépulture de Waldalgesheim, près du confluent de la Nahe avec le Rhin, est à cet égard particulièrement intéressante, car elle contenait, en plus de somptueux bijoux en or décorés à la nouvelle manière et les vestiges d'un char à deux roues, un seau en bronze de fabrication tarentine, objet isolé au nord des Alpes, mais attesté au contraire un certain nombre de fois dans les sépultures sénones d'Italie. Une sépulture à char analogue à celles de la Marne a été découverte aussi sur le site de Dürrnberg au sud de Salzbourg. L'importance de ce site était due à l'exploitation du sel, se développant parallèlement au déclin du site de Hallstatt. D'autres sépultures à char du Ve siècle av. n. è. sont connues de Bohême méridionale.

Le phénomène des sépultures laténiennes à char reste toutefois limité pour le moment à un nombre relativement restreint de cas et c'est le plus souvent dans le cadre des cimetières à inhumations plates, qui recouvrent à cette époque les zones les plus fertiles du monde celtique, que se manifeste la nouvelle mode. On la voit ainsi pénétrer par la Rhénanie et la vallée du Main jusqu'en Bohême du Nord-Ouest, où les types d'objets représentés dans la spectaculaire trouvaille de Duchcov (quelque 1 500 à 2 000 fibules et bracelets) caractérisent le milieu dans lequel se déroule le phénomène, et en descendant la vallée du Danube jusqu'en Moravie et dans la cuvette des Karpates.

Une poussée celtique aussi puissante et aussi soudaine que celle qui atteignit l'Italie du Nord s'exerce en effet en même temps vers l'est. L'archéologie confirme sur ce point pleinement la tradition recueillie par Tite-Live. Le mouvement semble avoir débuté dès le ve siècle av. n. è. par une première avance ayant pour objectif le contrôle de la route de l'ambre à son point stratégique le plus sensible et le plus proche : la traversée du Danube au pied des Petites Karpates, à l'ouest de la ville actuelle de Bratislava. La nécropole de Stupava (cf. carte p. 72) et des sites nouvellement découverts, aussi bien en Slovaquie (Bučany) qu'au sud du Danube (Sopron, Loretto), témoignent d'une emprise celtique précoce sur la région et de l'existence d'un faciès laténien ancien qui, tout en étant proche de ceux de la Bohême et de la Bavière, présente des caractères originaux.

La poussée décisive a lieu cependant au IVe siècle, où l'axe de pénétration principal semble être constitué par le Danube, en particulier sa rive gauche. C'est ainsi qu'Alexandre le Grand peut rencontrer en 335 av. n. è. des Celtes sur ce fleuve, vraisemblablement quelque part vers son confluent avec la Morava balkanique. La barrière constituée par l'empire macédonien fit remonter les Celtes vers la Transylvanie, où le casque provenant d'une sépulture de Silivaş, en Roumanie, à l'intérieur de l'arc karpatique, est un bon témoignage de cette première phase du peuplement celtique de la région. Il est de type celto-italique et porte un riche décor tout à fait caractéristique du nouveau style laténien. La sépulture d'un chef militaire de la nécropole de Ciumeşti, située à la limite de la plaine hongroise à quelque 200 km plus au nord, probablement un peu plus récente que la précédente, signale au contraire l'influence exercée par le milieu balkanique, vraisemblablement thrace : elle contenait un étonnant casque dérivé du modèle celto-italique et surmonté d'un oiseau aux ailes mobiles, une cotte de mailles et des cnémides (jambières) en bronze.

L'invasion celtique du IVe siècle ne semble toutefois avoir eu pour résultat que l'occupation de territoires relativement restreints : le Nord-Ouest de la Hongrie, le Sud-Ouest de la Slovaquie et une partie de la Transylvanie. Les régions au sud de la Drave et le bassin de la Tisza avec la Slovaquie orientale ne paraissent pas avoir été touchés.

L'avance des Celtes orientaux reprend avec une nouvelle force quand les dissensions intérieures qui suivent la mort d'Alexandre affaiblissent le monde hellénistique et par les combats presque ininterrompus qui s'y déroulent offrent un important débouché au mercenariat, au moment précis où le pouvoir celtique en Italie subit les premiers revers importants. Le plus grave est incontestablement en 283 av. n. è. l'occupation par les Romains de la base stratégique que constituait le territoire sénon. Le résultat de cette opération est l'établissement d'un équilibre défavorable aux entreprises militaires des Cisalpins et par conséquence la diminution de l'afflux de Transalpins en Italie. Les réserves humaines disponibles cherchent donc l'aventure dans d'autres directions : vraisemblablement vers l'Ouest, où le détail de la progression celtique nous échappe encore presque complètement, vers le Sud-Ouest, où une première pénétration semble avoir eu lieu déjà vers le milieu du IVe siècle av. n. è., mais surtout vers le Sud-Est, où richesses et combats attirent les hommes courageux.

Ce changement d'orientation trouve son reflet archéologique par exemple dans l'apparition d'épées aux fourreaux richement ornés, caractéristiques pour la cuvette des Karpates, où ils furent découverts en grand nombre, dans des régions occidentales comme la Suisse en particulier, baromètre sensible des courants qui ont traversé le monde celtique. La situation est très significative aussi en Bohême, région qui constituait vers le milieu du IVe siècle l'aboutissement d'un courant passant par la Suisse, la Rhénanie et la vallée du Main, mais où se développe à partir de la fin de ce siècle un faciès culturel qui présente de moins en moins de points communs avec les régions occidentales, et que l'on voit adopter enfin une orientation décidément danubienne et apporter une contribution décisive à la communauté culturelle — la *koiné* — des Celtes orientaux.

Une première tentative de pénétration celtique en Thrace se solde par un échec en 298 av. n. è. Le torque en or trouvé à Gorni Cibar en Bulgarie actuelle, que son décor permet de dater de la fin du IVe siècle, est le seul objet bien caractéristique qui pourrait éventuellement être rattaché à cet événement.

Le grand choc a lieu en 280 av. n. è. : les Celtes envahissent la Macédoine, en remontant vraisemblablement la vallée de la Morava, et infligent une sanglante défaite à l'armée de Ptolémée Kéraunos, qui trouve la mort dans la bataille. Il semble qu'un éclatement de l'armée celtique se produit après cette victoire. Un des corps d'armée, conduit par Brennos, descend jusqu'à Delphes en 279. L'année suivante, une partie des forces celtiques traverse l'Hellespont et passe en Asie Mineure, tandis que les Scordisques redescendent le cours de la Morava et s'établissent entre la Save et le Danube. Un important corps d'armée est cependant resté en Thrace, où il se voit infliger en 277 par Antigonos Gonatas une défaite à proximité de la péninsule de Gallipoli. Les Celtes, refoulés peut-être au cours d'une tentative de passage en Asie Mineure, se replient quel-

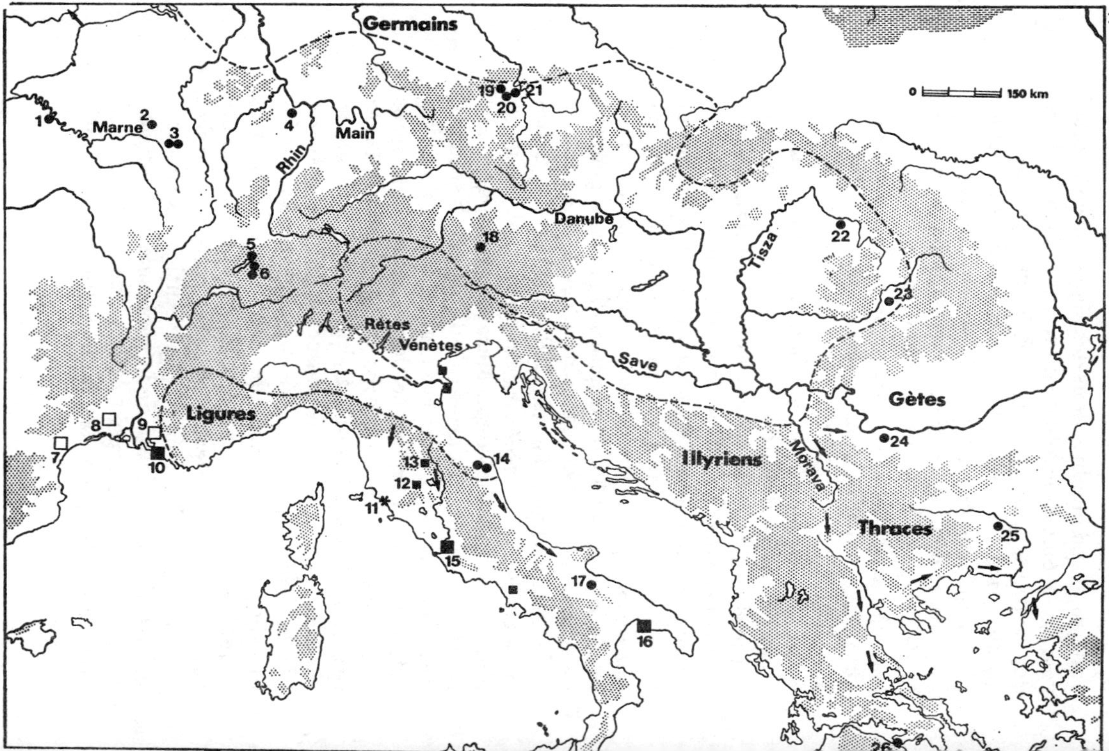

Germains
0 150 km
Marne
Main
Rhin
Danube
Tisza
Rètes
Vénètes
Save
Ligures
Gètes
Illyriens
Morava
Thraces
1
2
3
4
5
6
7
8
9
10
11
12
13
14
15
16
17
18
19
20
21
22
23
24
25
26

que part sur le territoire de la Bulgarie actuelle et fondent le royaume de *Tylis*.

Les Celtes passés en Asie Mineure se trouvent ainsi coupés des renforts et subissent une défaite de la part d'Antiochos Ier de Syrie, qui leur attribue alors un territoire, la région de plateaux située sur le cours moyen de l'Halys (actuel Kizilirmak), à laquelle ils laisseront leur nom : la Galatie. Dorénavant, leur destin est séparé de celui des Celtes européens, ils subissent une hellénisation progressive, mais conserveront néanmoins leur langue jusqu'à l'époque chrétienne.

Les traces archéologiques de l'expédition de 280, qui constitue certainement la collision la plus violente et la plus étendue entre le monde celtique et le monde hellénistique, sont jusqu'à présent minimes : la paire d'anneaux de cheville celtiques, constitués d'oves creux et trouvés dans un puits à Corinthe, est, il est vrai, bien caractéristique pour la première moitié du IIIe siècle, où l'on trouve ce type principalement en Bavière et en Bohême, mais n'a probablement rien à voir avec la descente sur Delphes. Elle pourrait plutôt être liée à la présence de mercenaires celtiques dans la région. Leur révolte est en effet signalée en 265 dans la ville voisine de Mégare. C'est une parure féminine, mais les mercenaires étaient presque toujours accompagnés de leurs femmes. A Mezek en Bulgarie, à proximité de la frontière turque, fut reconnue une sépulture avec un char laténien dont les garnitures tout à fait

---

Fig. 4. — Le monde celtique aux IVe et IIIe siècles avant notre ère

1, Amfreville ; 2, Berru ; 3, Somme-Bionne et La Gorge-Meillet ; 4, Waldalgesheim ; 5, La Tène ; 6, Berne et Münsingen ; 7, Ensérune ; 8, Nages ; 9, Entremont ; 10, *Massalia* ; 11, Télamon ; 12, *Clusium* ; 13, *Arretium* ; 14, Filottrano et Montefortino ; 15, Rome ; 16, Tarente ; 17, Canosa ; 18, Dürrnberg ; 19, Duchcov ; 20, Jenišův Újezd ; 21, Čížkovice ; 22, Ciumeşti ; 23, Silivaş ; 24, Gorni Cibar ; 25, Mezek ; 26, Corinthe.

caractéristiques trouvent les analogies stylistiques les plus proches en Moravie et peuvent être datées de la première moitié du IIIe siècle. Cette découverte constitue un document exceptionnel, mais les vestiges archéologiques du royaume de *Tylis* restent toujours insaisissables. En Asie Mineure, le seul objet à retenir est un bracelet du Style plastique de la même période, qui aurait été trouvé à Finike sur la côte méridionale. Les analogies que l'on peut lui découvrir sont toutes localisées dans le nord de la Bohême et la Silésie voisine.

Le bilan est maigre, mais quand même significatif : tous les objets que l'on pourrait éventuellement rattacher à la grande expédition de 280 av. n. è. rencontrent les analogies les plus proches dans le secteur central du monde celtique : la Bavière et surtout la Bohême et la Moravie, qui semblent avoir joué pour l'expansion orientale le même rôle de plaque tournante que la Suisse pour l'Italie.

La poussée orientale marque le point culminant de l'expansion celtique. Dorénavant, l'offensive fera progressivement place à la défensive et le domaine des Celtes ne cessera de se rétrécir. Il convient donc de poser maintenant la question fondamentale et controversée de la nature de cette expansion : déplacements de peuples entiers constituant de véritables migrations ? Cela semble peu probable. L'hypothèse sur le tempérament migratoire des Celtes, toujours disponibles pour partir vers d'autres territoires avec familles et bagages, s'appuie principalement sur la description que fait César de la migration helvète, donc une comparaison qui ne tient aucun compte du fait que la situation historique n'est pas la même au IVe et au Ier siècle av. n. è. La migration helvète est l'exode d'un peuple, déjà déraciné auparavant par la pression germanique, dans un monde celtique broyé inexorablement par l'avance des ennemis anciens ou nouveaux et déchiré par ses contradictions internes. La situation est toute différente aux IVe et IIIe siècles, où le monde celtique est à l'apogée de sa force et aucune contrainte n'oblige la totalité d'une tribu à quitter son territoire ancestral. Les vestiges archéologiques n'attestent nulle part un tel phénomène. Au contraire, quand quelques menus indices nous permettent de retrouver le foyer hypothétique d'un courant d'expansion, c'est toujours une région où le peuplement est dense et ne présente aucune interruption notable. Cependant, le départ de groupes d'une certaine importance a pu provoquer un fléchissement démographique, ainsi que l'indique notamment la situation de la zone marnienne postérieurement au début du IVe siècle av. n. è.

Il est donc plus juste de considérer l'expansion celtique comme un phénomène de colonisation, fondée sur un recrutement capillaire du surplus de la population, répété au besoin plusieurs fois dans la même région. Ceci peut expliquer, dans les cas où le nouveau groupe était assez important pour conserver son identité ethnique, la prolifération de tribus portant le même nom dans des régions éloignées entre elles du monde celtique.

La Celtique du IVe et du IIIe siècle peut être comparée à un tissu à large trame, constitué par les noyaux tribaux, à travers laquelle se déplacent avec une fluidité surprenante des groupes humains d'importance et d'homogénéité inégales, attirés ici ou là par l'espoir de pouvoir acquérir terres, richesses ou gloire militaire. Malgré les apparences, les invasions celtiques ressembleraient donc plus, si une telle comparaison n'était pas un peu abusive, à celles des Scandinaves du haut Moyen Age : pillards, colons ou aventuriers, qu'aux grandes invasions des Germains, projetés sur l'Empire romain par l'impact réitéré des nomades orientaux.

Les nécropoles, qui constituent pour cette époque le témoignage le plus apparent de la présence celtique, apportent une information substantielle sur la structure de la société au moment de la grande expansion. Le rite prédominant est l'inhumation sous tombe plate, mais l'incinération continue à être pratiquée dans certaines régions et l'usage des tertres funéraires n'est pas complètement abandonné. Les cimetières forment dans les régions les plus fertiles, et donc les plus peuplées, un réseau d'une grande densité. Dans les zones les mieux connues, la distance moyenne entre les nécropoles est de 2 à 5 km. Elles ne correspondent probablement pas à des groupes humains très importants, car les plus grandes — Münsingen près de Berne : 217 sépultures ; Jenišův Újezd en Bohême du Nord-Ouest : 132 sépultures — couvrent plusieurs siècles et les cimetières d'une durée plus limitée ne comptent pas plus de quelques dizaines de tombes. La zone marnienne, où auraient été trouvées d'après les informations datant du siècle dernier des milliers de sépultures, constitue une exception, dont l'explication est peut-être l'ancienneté de ce type de nécropole dans la région. On peut en effet y constater l'existence ininterrompue de cimetières à inhumation en tombe plate depuis la fin de la période hallstattienne. Les nécropoles fouillées récemment dans cette région, pour lesquelles nous possédons une documentation précise, ne paraissent pas toutefois appartenir à des groupes humains plus nombreux et correspondre à un peuplement plus dense que celui d'autres zones de plaine ou de plateaux.

Une estimation tout à fait grossière et approximative permet de situer entre 10 et 15 personnes par génération au maximum l'importance de ces petits groupes, qui semblent avoir constitué l'unité de base de la société celtique de cette époque.

Les nécropoles laténiennes comprennent toujours, en proportion variable selon les périodes et les régions, deux types de sépultures d'un intérêt particulier : celles de guerriers enterrés avec leurs armes et celles de femmes dotées d'un nombre proportionnellement élevé de parures. Ces deux groupes sont généralement à peu près en équilibre pour chaque nécropole. On peut aussi distinguer quelquefois à l'intérieur de ces groupes des tombes dont l'importance exceptionnelle est signalée par rapport aux autres sépultures contemporaines par la richesse du mobilier ou un aménagement particulier, par exemple un enclos quadrangulaire ou circulaire ou bien les dimensions exceptionnelles de la fosse.

Ces cimetières offrent aussi la possibilité, jusqu'ici peu exploitée, d'étudier les variations régionales et leur évolution dans le domaine des coutumes funéraires, mais surtout de ce que l'on peut connaître du costume, qui fut, jusqu'aux temps modernes, l'expression visuelle de l'identité ethnique de l'individu. Les sépultures féminines se prêtent particulièrement bien à ce genre d'analyse et on peut observer effectivement, au-delà des variations dues au facteur social, la persistance de certains caractères régionaux que l'apparition de nouvelles modes semble exalter plutôt que modifier. Il en est ainsi par exemple pour le torque dans le domaine marnien : il y constitue la parure la plus fréquente et c'est sur lui que s'opère la fixation de l'effort décoratif principal, ou pour les anneaux de cheville en Europe centrale. Nous ne réussissons pour le moment à percevoir que les cas les plus évidents, mais l'établissement d'une ethnographie générale des

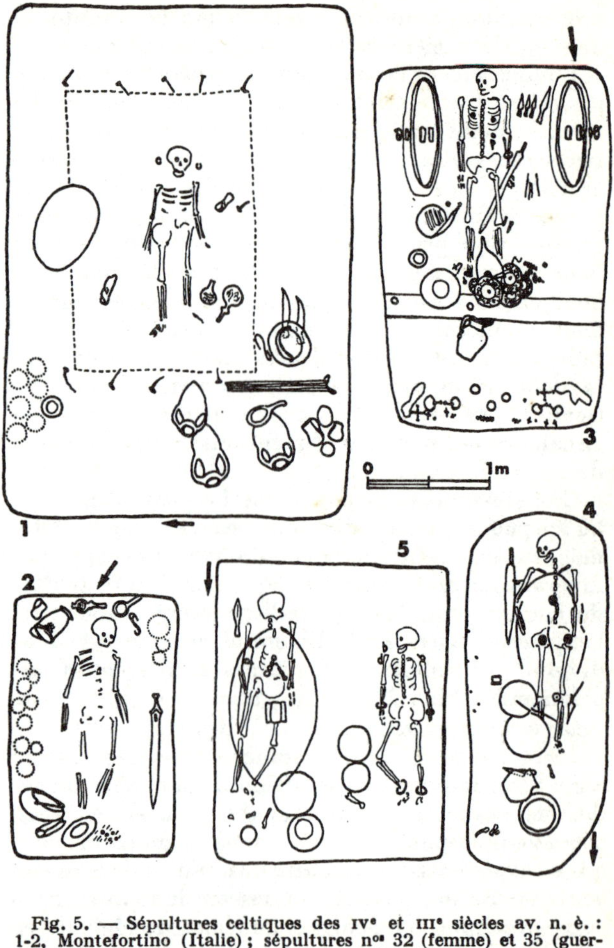

Fig. 5. — Sépultures celtiques des IVe et IIIe siècles av. n. è. : 1-2, Montefortino (Italie) ; sépultures n°s 32 (femme) et 35 (guerrier) (d'après Brizio) ; 3, La Gorge-Meillet (Marne), sépulture à char (d'après Fourdrignier) ; 4, Ménfőcsanak (Hongrie), sépulture n° 14 (guerrier) (d'après Uszoki) ; 5, Maňa (Slovaquie), double sépulture n° 28 (d'après Benadík).

Celtes des IVe et IIIe siècles n'est certainement pas une chimère et son tableau pourra sans doute être dressé ultérieurement.

L'habitat correspondant à ces nécropoles est aujourd'hui connu d'une façon satisfaisante seulement dans certaines régions du monde celtique, en particulier en Europe centrale où un certain nombre de villages entiers ont même été dégagés. La lacune la plus sensible est certainement l'ignorance presque totale de l'habitat des Cisalpins, en particulier des Sénons, qui, du moins d'après leurs sépultures, semblent avoir assimilé tous les raffinements de la civilisation méditerranéenne.

Le fait le plus remarquable par rapport à la période précédente est l'abandon généralisé des centres fortifiés. A l'exception des régions où les Celtes ont été soumis à une influence prédominante du milieu local, comme cela semble être le cas dans le Sud-Ouest de la Celtique pour les Celto-Ligures et les Celtibères, on ne constate nulle part l'existence de forteresses. Ce phénomène n'est pas seulement l'expression de la force et de la stabilité intérieure du monde celtique, c'est aussi le reflet d'une dispersion des activités économiques et de l'absence d'un pouvoir centralisé, que confirme d'ailleurs l'éparpillement de la classe militaire en d'innombrables petites nécropoles.

Le seul type d'habitat connu pour le moment est donc l'habitat rural, qui ne semble pas présenter de différences notables par rapport à la période précédente. Constitué par de petites agglomérations, qui ne comportent généralement pas plus de 5 unités contemporaines, il forme un réseau dont la densité correspond approximativement dans les régions les mieux connues à celle des nécropoles. L'établissement des rapports précis qui existaient entre les habitats et les cimetières d'une zone déterminée se heurte pour le moment à des difficultés trop nombreuses pour être réalisable. Il est toutefois possible d'affirmer au moins, avec assez de certitude, que les habitats ruraux correspondent bien aux nécropoles dicutées précédemment.

Les unités qui forment ces petites agglomérations sont les mêmes que celles de la période précédente : grandes cabanes charpentées avec une ossature de poteaux verticaux construites au niveau du sol et cabanes à sol excavé de dimensions plus réduites. Des silos, fosses à céréales de forme cylindrique ou conique, sont quelquefois creusés à l'intérieur ou à l'extérieur de ces constructions. On ne peut observer aucune trace notable de différenciation sociale dans le cadre de ces hameaux. Les traces d'activité artisanales les plus diverses (tissage, fabrication de poterie grossière ou fine diffusée dans un rayon de plusieurs dizaines de kilomètres, métallurgie) ont pu y être relevées de nombreuses fois, mais il semble cependant que la principale base économique de ces habitats était toujours l'agriculture.

Quant aux lieux de culte, leur existence nous échappe pour le moment d'une manière presque totale. C'est peut-être tout simplement la conséquence du fait qu'il n'y avait pas de sanctuaires aménagés et que les rites se déroulaient dans le cadre naturel. L'existence du bois sacré (dénommé en celtique *nemeton*) est en effet mentionnée dans les textes ainsi que la coutume des offrandes jetées dans les lacs, sources ou rivières qui est attestée aussi par l'archéologie : la richesse du site éponyme de La Tène serait ainsi le résultat de sacrifices effectués pendant près de deux siècles, les quelque deux mille fibules, bracelets et bagues déposés dans un chaudron au fond d'une source thermale près de Duchcov en Bohême constituent au contraire une offrande unique, dont l'importance reflète certainement le caractère exceptionnel de l'événement qui la motiva.

Les données réunies nous permettent donc d'esquisser le portrait d'une société dont la force motrice était une classe militaire disséminée dans de petites agglomérations qui possédaient, peut-être chacune, peut-être par groupes de plusieurs, un chef, dont la richesse est le plus souvent à peine supérieure à celle des autres guerriers. A l'exception des sépultures à char qui constituent un cas particulier, les différences sociales s'expriment plus nettement chez les femmes que chez les hommes. On ne peut discerner pour le moment aucune trace d'organisation hiérarchique à un niveau supérieur.

C'est ce milieu de paysans armés, pour lesquels le port de l'épée était d'ailleurs probablement avant tout l'expression de leur statut d'hommes libres, et qui constituaient une sorte de milice rurale, que se recruta le potentiel humain de la grande expansion. Vivant pour et par cette expansion, la société celtique de ce type fut condamnée à échéance plus ou moins longue quand cette symbiose cessa d'exister et que le monde laténien fut obligé de se replier sur lui-même.

CHAPITRE IV

LA CIVILISATION DES « OPPIDA » CELTIQUES DES IIe ET Ier SIÈCLES AVANT NOTRE ÈRE

L'arrêt de l'expansion celtique devient irréversible dans le dernier quart du IIIe siècle. En Italie, après une sanglante défaite à Télamon sur la côte d'Etrurie, en 225 av. n. è., les derniers espoirs des Cisalpins sombrent avec l'échec de la tentative carthaginoise. L'un après l'autre, les peuples gaulois se soumettent à la domination romaine, ou, comme cela semble avoir été le cas pour une partie des Boïens en 191 av. n. è., repassent les Alpes pour se réintégrer dans le monde transalpin. La mainmise romaine est rapide et d'une redoutable efficacité : quatre ans après la soumission des Boïens, une voie de 250 km de long, la *Via Aemilia*, relie *Ariminum* (Rimini) à *Placentia* (Plaisance), garantissant ainsi, avec le passage du Pô, une possibilité d'intervention rapide en Transpadane. D'autre part, la fondation d'Aquilée, quelques années plus tard, assure la surveillance de la route de l'ambre qui, en débouchant directement sur des territoires celtiques fortement peuplés, constituait une menace constante pour l'Italie du Nord. La possibilité de pénétration économique vers le Norique ne fut exploitée que plus tard, ainsi que l'atteste la fouille de l'important site du Magdalensberg en Carinthie, où fut fondée une colonie romaine de marchands dans le courant du Ier siècle av. n. è.

La pression romaine commence à s'exercer ainsi sur la frontière sud-orientale de la Celtique danubienne, où on assiste cependant à une consolidation du pouvoir celtique, pour le moment à peine entamé par l'offensive daco-gète sur sa périphérie orientale.

L'îlot celtique de Thrace, le royaume de *Tylis*, appelé à jouer un rôle non négligeable encore vers 220 av. n. è., disparaît une dizaine d'années plus tard, peut-être à la suite du passage d'un corps celtique de Thrace en Asie Mineure.

Dans le Midi de la Gaule, l'occupation de l'Espagne par les Romains eut pour conséquence inévitable l'annexion du dernier rivage de la Méditerranée occidentale qui n'était pas sous leur contrôle et la création de la *Provincia* en 125 av. n. è. La réaction des Allobroges et des Arvernes, qui se voient menacés dans leurs privilèges commerciaux, se solde par leur défaite et Rome peut s'assurer une des communications vitales de la Gaule : la vallée du Rhône entre l'*oppidum* de *Genava* (Genève) et la Méditerranée.

Sur sa périphérie septentrionale, le monde celtique doit faire face à une menace nouvelle : la poussée des populations germaniques. Le premier choc a lieu vers 120 av. n. è., quand un peuple originaire du Danemark actuel, d'où il aurait été chassé par un raz de marée, les Cimbres, se heurte violemment à la tribu celtique la plus puissante d'Europe centrale : les Boïens, dont les territoires s'étendaient probablement de la Bavière et la Bohême du Sud à la partie occidentale de la Slovaquie actuelle. Ceux-ci réussissent à repousser l'envahisseur que l'on retrouve en 113 dans le Norique, où il inflige aux Romains qui s'étaient portés au-devant de lui une défaite près de *Noreia* (identifiée aujourd'hui sans certitude avec le site de Skt. Margareten en

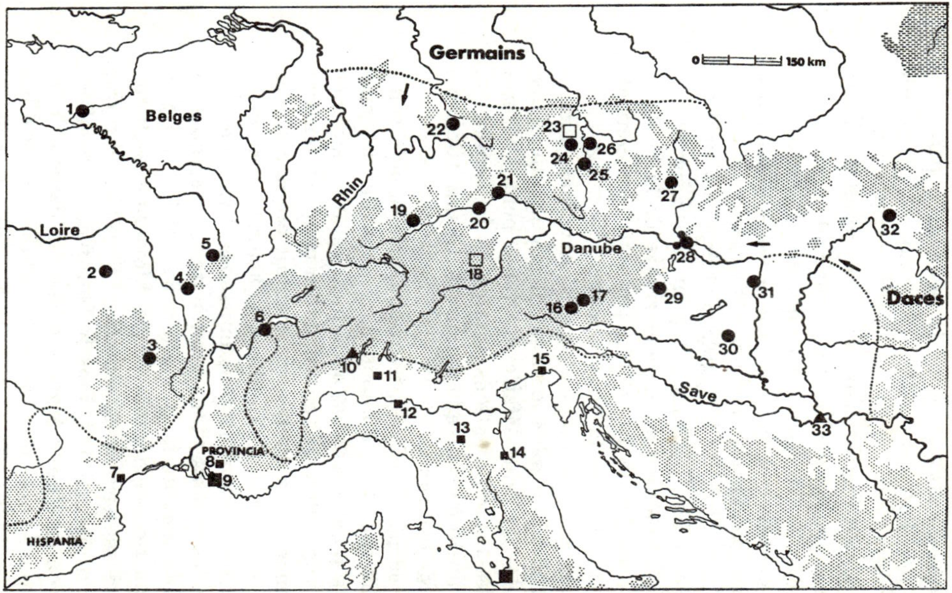

Fig. 6. — Le monde celtique au Ier siècle avant notre ère : 1, Fécamp ; 2, Levroux : 3, Gergovie ; 4, Bibracte ; 5, Alésia ; 6, *Genava* ; 7, Narbonne ; 8, Aix ; 9, *Massalia* ; 10, Ornavasso ; 11, Milan ; 12, Plaisance ; 13, Bologne ; 14, Rimini ; 15, Aquilée ; 16, Magdalensberg, 17, Skt. Margareten ; 18, Holzhausen ; 19, Heidengraben ; 20, Manching ; 21, Kelheim ; 22, Steinsburg ; 23, Mšecké Žehrovice ; 24, Stradonice ; 25, Hrazany ; 26, Závist ; 27, Staré Hradisko ; 28, Bratislava, Devín, Braunsberg ; 29, Velemszentvid ; 30, Szalacska ; 31, Gellért ; 32, Gališ-Lovačka ; 33, Karaburma.

Styrie sud-occidentale). Ce fait semblerait indiquer que l'intervention boïenne n'a pas empêché l'invasion d'emprunter le parcours méridional de la voie de l'ambre. La suite des événements constitue un véritable casse-tête pour les historiens, car on voit réapparaître les Cimbres quelques années plus tard en Gaule, où, avec d'autres peuples d'origine germanique ou celtique : les Teutons, les Tigurins (tribu helvète), les Ambrons, et l'aide des Volques Tectosages de la région de Toulouse, ils sévissent dans la *Provincia*. Les Volques sont battus en 106, les Teutons en 102 près d'Aix-en-Provence et les Cimbres l'année suivante près de Verceil (Vercelli) dans la plaine piémontaise.

On a voulu voir dans la migration des Cimbres un événement décisif pour le monde celtique qui, face à ce cataclysme humain, se serait hérissé de forteresses. Rien n'est moins certain. Ainsi que nous allons pouvoir le constater, les *oppida* celtiques sont le résultat d'un processus de mutation économique amorcé bien avant l'arrivée des Cimbres et ne peuvent s'être développés à partir de retranchements improvisés face à un danger imprévu. D'autre part, nous cherchons toujours en vain, en Europe centrale comme en Gaule, une trace archéologique significative du déferlement de centaines de milliers de pillards que décrivent les textes. Il est donc probable que la vision romaine des événements est fortement marquée par le traumatisme qu'à dû provoquer l'apparition inattendue d'un nouveau péril barbare aux portes de l'Italie.

Il est néanmoins certain que les mouvements ethniques qui se prolongent en Gaule jusqu'à l'occupation romaine furent bien déclenchés par une attaque germanique. Le secteur atteint semble avoir été d'abord la zone au nord du Main, puisque les Germains d'Arioviste apparaissent, d'après les sources, dans l'Est de la Gaule déjà vers 70, tandis qu'à l'est de cette région le peuplement celtique de la Thuringe, connu notamment d'après l'*oppidum* de Steinsburg près de Römhild, ne semble pas avoir été perturbé jusqu'aux dernières décennies du Ier siècle av. n. è.

Il en est de même pour la Bohême, où l'invasion des Marcomans conduits par Marbod aurait atteint entre 9 et 6 av. n. è., en arrivant probablement par la vallée du Main et de l'Ohře, un pays en pleine prospérité et provoqué la fin brutale des *oppida* de Stradonice, Závist près de Prague et Hrazany. La Moravie est occupée vers la même date par les Quades.

Quant aux puissants Boïens de Pannonie, dont le centre était probablement l'*oppidum* recouvert par la ville actuelle de Bratislava sur la rive gauche du Danube, ils furent victimes de l'attaque violente des Daces de Burebistas, menée vers le milieu du Ier siècle av. n. è. en suivant l'arc karpatique et la rive gauche du Danube à partir de la ville actuelle de Vác. La découverte récente d'une des portes de l'*oppidum* de Bratislava confirme effectivement sa destruction brutale vers cette date, ainsi que l'identité de l'assaillant, grâce à la présence de céramique de type dace dans la couche de destruction. Les indices de l'intervention dace, dont le but était probablement de faire sauter le formidable verrou que constituaient les trois *oppida* voisins (Bratislava et Devín sur la rive gauche, en face de l'*oppidum* de Braunsberg sur la rive autrichienne), ne dépassent pas les Petites Karpates. La population celtique ne quitte cependant pas ces régions et une culture mixte — dite celto-dace — prolonge l'existence de la civilisation laténienne jusqu'à l'invasion germanique vers le début de notre ère.

La Transdanubie (Hongrie occidentale) reste au

contraire celtique jusqu'à l'occupation romaine en 12 av. n. è. Le même sort est réservé aux régions adjacentes du Norique trois ans plus tard. Les armées romaines atteignent le cours moyen du Danube, reconnu déjà en amont en 15 av. n. è., par une campagne qui fut probablement la cause de la destruction de l'*oppidum* central des Vindéliciens à Manching en Bavière. La frontière romaine se trouve ainsi constituée par le Rhin et le Danube jusqu'aux Portes de Fer, le reste des anciens territoires celtiques devenant la proie des Germains et des Daces.

Ce démembrement systématique du monde celtique, qui semble débuter au moment de l'invasion des Cimbres et se prolonge pendant tout le Ier siècle, pourrait faire croire que l'essor des *oppida* — agglomérations urbaines primitives puissamment fortifiées — est le résultat d'un réflexe de défense des tribus celtiques qui tentent de protéger ainsi population et richesses. C'est peut-être vrai dans certains cas, mais les formidables fortifications des *oppida* sont avant tout l'expression de la nécessité de protéger les points stratégiques d'un système économique que son progrès avait rendu très complexe et donc très vulnérable. Il suffisait de frapper à quelques points précis pour qu'une région entière se trouve démantelée. C'est ce qui s'est passé dans les régions occupées par les Germains, où la destruction des *oppida* provoqua la chute immédiate du système économique qu'il est absurde d'attribuer à l'extermination totale de la population. Paradoxalement, en développant leur puissance et centralisant les activités importantes, les *oppida* transformaient le monde celtique en une proie facile pour ses ennemis.

Un des traits les plus caractéristiques et les plus importants de la mutation du système économique est la substitution de l'usage de la monnaie aux échanges fondés sur le troc. L'introduction de la monnaie s'effectua probablement chez les Celtes en deux étapes principales. La première, caractérisée surtout, aussi bien à l'Ouest qu'à l'Est, par les imitations fidèles d'émissions macédoniennes, fut vraisemblablement très étroitement liée à l'essor du mercenariat celtique dont les contrats étaient stipulés et payés en ces espèces à large circulation. Les Celtes acquirent ainsi assez rapidement l'habitude d'utiliser un étalon monétaire dans les transactions d'une certaine importance (tributs, compensations et autres). L'introduction successive d'unités divisionnaires permit toutefois, dès la fin du IIIe siècle av. n. è., d'employer couramment même la monnaie d'or. C'est ainsi que débute la deuxième étape du monnayage celtique, indissociable de l'existence d'un réseau urbain et du système économique qui en constitue le fondement.

Les Celtes d'Italie, plus particulièrement les peuples autochtones installés au nord du Pô, connurent une urbanisation nettement plus précoce et leur monnayage semble avoir joué dès ses débuts un rôle dans les échanges courants. L'évaluation hypothétique de la masse monétaire en circulation pendant sa dernière période (IIe siècle av. n. è.) indique un ordre de centaines de milliers de pièces et confirme pleinement l'utilisation diffuse de la monnaie dans les transactions quotidiennes.

Le développement de l'économie entraîna le même processus non seulement au niveau « international », mais à l'intérieur même de chaque peuple. La classe militaire perd progressivement son importance au profit de ce qui était peut-être une de ses fractions et qui réussit à s'adjuger le contrôle des domaines importants du système économique. Ce processus devient à un moment donné irréversible et la dépendance de la majorité de la population libre d'autant plus forte qu'ont disparu les débouchés traditionnels : le mercenariat et les expéditions militaires. C'est ainsi qu'apparaît la société celtique, dominée par l'oligarchie et le système de la clientèle que César nous décrit en Gaule au moment de la conquête. Il est probable que cette évolution n'a pas été uniforme dans toutes les régions du monde celtique et elle a été accompagnée, comme nous l'attestent les textes, par de nombreuses dissensions internes de l'oligarchie.

La manifestation la plus caractéristique qui accompagne la transformation de la société celtique est l'*oppidum* : ville primitive fortifiée située sur une importante voie commerciale ou à proximité de gisements de matières premières d'un intérêt particulier : minerai de fer, sables aurifères, graphite utilisé pour la fabrication d'un certain type de céramique, sel. C'est le centre économique d'un territoire déterminé qui regroupe les diverses branches de l'artisanat spécialisé (métallurgie, émaillerie, travail du verre, fabrication de la poterie fine, orfèvrerie), constitue le marché principal, probablement aussi un lieu de garnison et quelquefois un centre religieux. Chaque peuple possédait un nombre plus ou moins élevé d'*oppida*, parmi lesquels le chef-lieu jouissait sans doute de privilèges particuliers liés à la présence des principaux oligarques : frappe de la monnaie qui circulait sur le territoire de la cité, organisation de réunions d'intérêt général et peut-être aussi exclusivité des rites liés au culte tribal. Il ne semble pas cependant qu'une véritable administration centrale y ait jamais existé. Le lien entre les divers *oppida* appartenant à un peuple était probablement relativement lâche, le prestige du chef-lieu étant dû plus à l'attrait qu'il exerçait qu'au pouvoir qui en émanait.

L'implantation des *oppida* était conditionnée en premier lieu par des impératifs économiques : principalement l'espacement régulier sur les voies commerciales, sur lesquelles ils constituaient des étapes, et la proximité des gisements de matières premières. Leur configuration est donc étroitement liée à la morphologie locale et la diversité des solutions adoptées est plutôt le résultat de conditions que de fonctions différentes.

Un cas particulier est celui des *oppida* du Midi de la Gaule, qui constituent d'ailleurs un phénomène plus méditerranéen, ligure ou ibère que véritablement celtique. A côté des grands centres — Ensérune, Nages, Entremont —, édifiés sous l'influence grecque, une multitude de petites forteresses correspondent plutôt à des villages fortifiés qu'à des formations urbaines. Elles constituent une forme d'habitat qui ne semble pas avoir d'équivalent dans le reste du monde celtique, mais se retrouve dans d'autres régions, de morphologie comparable, du pourtour méditerranéen. Elles existent ainsi chez les Rètes, les Ligures et les Illyriens.

Quant à l'influence qu'auraient pu exercer les grands centres du Midi sur la genèse des *oppida* plus au nord, elle reste encore à déterminer. D'autre part, notre ignorance totale de la nature réelle des premiers *oppida* celtiques connus par les textes, ceux de Cisalpine qui existaient au moins dès le IIIe siècle, ne nous permet pas de définir la contribution probable et peut-être même fondamentale de cette région au développement du phénomène dans le domaine transalpin.

Tels que nous les connaissons aujourd'hui grâce aux fouilles archéologiques, les *oppida* semblent représenter la rencontre de traditions et techniques locales (par exemple dans le domaine de la fortification) avec une proportion variable d'influences méditerranéennes.

La superficie enfermée par l'enceinte est généralement très élevée par rapport aux forteresses hallstattiennes, les grands sites dépassent même de beaucoup la plupart des villes du Moyen Age : Heidengraben, à l'ouest de la ville actuelle d'Ulm, ne couvrait pas moins de 1 500 ha, avec un noyau central de 150 ha, Kelheim en Bavière 650 ha, Manching 380, Závist en Bohême 118, atteints progressivement à partir d'un noyau initial de 35 ha constitué dès le début du IIe siècle av. n. è. : la majorité des grands *oppida* avait cependant une superficie entre 90 et 150 ha (Bibracte environ 200, Alésia 97). Il est bien évident que l'aire intérieure des très grands *oppida* n'était jamais occupée d'une façon intensive. De vastes espaces servaient d'enclos pour le bétail et de refuge pour la population rurale des environs.

L'*oppidum* est souvent divisé en plusieurs parties disposées autour du noyau central et constituant des sortes de faubourgs fortifiés qui, d'après les résultats des fouilles, étaient le lieu où se concentraient les activités artisanales. A Bibracte, où nous connaissons assez bien l'utilisation de l'espace intérieur, sa répartition presque hiérarchique peut même être observée : le sanctuaire sur la partie la plus élevée, puis les résidences aristocratiques édifiées sur le plateau, enfin plus bas, à proximité de la porte principale et dans un vallon adjacent, le quartier des artisans, lui-même subdivisé selon les types d'activité. Ce n'était peut-être pas une règle générale, mais on note aussi sur d'autres sites que les parties les mieux exposées climatiquement (versants sud) et les mieux protégées militairement (parties hautes éloignées des portes) étaient choisies

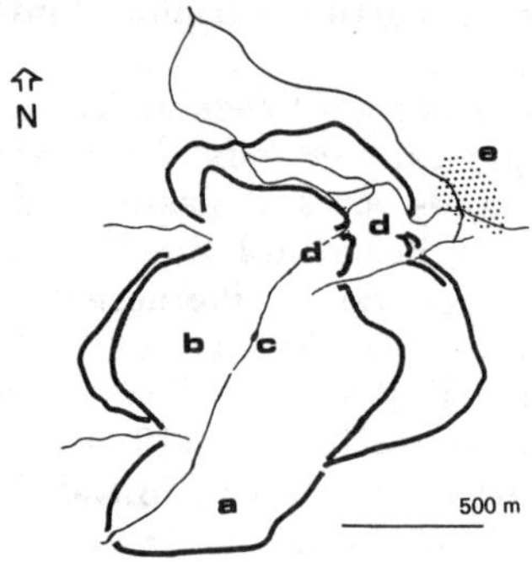

Fig. 7. — L'oppidum éduen de Bibracte sur le Mont-Beuvray (Saône-et-Loire et Nièvre) : a, sanctuaire ; b, résidences de la noblesse ; c, bassin monumental sur la voie principale ; d, quartiers des artisans ; e, nécropole (d'après des documents du Centre archéologique du Mont-Beuvray).

pour édifier les résidences des couches les plus aisées de la population.

Une des sources principales de la richesse de l'*oppidum* était la présence de l'artisanat spécialisé. Son développement constitue sans doute l'aspect le plus frappant de la dernière phase de la civilisation laténienne : remarquables charrons, inventeurs de la tonnellerie, métallurgistes de grande classe, excellents potiers, émailleurs et verriers habiles, les artisans celtiques ont apporté une contribution tout à fait essentielle à l'évolution des techniques. Il suffit d'examiner leurs outils, dont une collection particulièrement complète fut trouvée sur le site de Szalacska en Hongrie, pour se rendre compte du peu de différence qui les sépare des outils utilisés encore aujourd'hui : scies, planes, vrilles, gouges, ciseaux, haches et autres instruments pour le travail du bois, enclumes, marteaux, limes, pinces et tout l'attirail du forgeron, l'équipement de l'orfèvre, du tanneur et de bien d'autres métiers. Cet outillage est le même à Bibracte en Gaule, Stradonice en Bohême, Staré Hradisko en Moravie, Velemszentvid en Hongrie ou Gališ-Lovačka près de Mukačevo en Ukraine subkarpatique, le site laténien de cette période le plus oriental connu jusqu'à présent. C'est une véritable communauté des techniques de production qui marque la transformation du monde celtique de l'Atlantique jusqu'aux Karpates.

Cet essor technique est cependant accompagné d'un certain fléchissement de la qualité des objets d'art dont la production en séries industrielles devient tributaire des modes méditerranéennes. C'est tout comme si le déclin de la classe militaire avait entraîné celui de l'art laténien dont la survivance n'est plus assurée que par les Celtes insulaires. Un domaine reste toutefois préservé et voit naître des pièces qui se rangent parmi les plus belles réalisations de l'art celtique : c'est la gravure des coins monétaires.

La caractéristique la plus spectaculaire des *oppida* est leur système défensif : remparts et portes fortifiés. Le type de rempart le plus connu est le *murus gallicus* décrit par César : il est constitué par la superposition d'assises de poutres espacées et alternativement perpendiculaires, qui sont fixées l'une à l'autre aux points de croisement par de longues fiches en fer ; l'extrémité des poutres est ancrée dans le parement de pierres sèches appareillées appuyé sur un remblai de pierre, gravier ou terre qui recouvre la charpente. Les dimensions moyennes d'un rempart de ce type sont 4 m de haut pour 4 m d'épaisseur. Il est généralement, de même que les autres types, précédé d'un fossé large et profond. Reconnu, par exemple, à Bibracte ou récemment à Levroux dans l'Indre, il ne semble pas avoir été utilisé à l'est de Manching, où il appartient à la phase ancienne de la fortification. L'Europe centrale connaissait un type légèrement différent, employé déjà à l'époque hallstattienne : le parement extérieur en pierres sèches appareillées est consolidé par des poutres verticales apparentes fichées dans le sol à intervalles réguliers ; le remblai intérieur de pierre ou de terre présente des assises de poutres horizontales. Un troisième type, nommé type de Fécamp, d'après l'*oppidum* où il fut reconnu, ou mur belge, d'après le territoire où il semble le plus fréquent, est constitué par un simple remblai de terre, parfois de dimensions considérables.

Les portes des *oppida* ont généralement un plan à ailes rentrantes qui forment une sorte de couloir, surmonté à l'origine, à son extrémité intérieure, d'une construction en bois. Cette disposition permettait aux défenseurs de prendre l'assaillant de flanc et contrôler facilement l'accès à la porte proprement dite. On a voulu voir dans ce plan une influence méditerranéenne, mais de telles portes étaient connues aussi en Europe centrale à l'époque hallstattienne. Un cas unique jusqu'à présent dans le domaine d'extension des *oppida* celtiques est celui de la porte découverte récemment à Bratislava : les deux ailes du rempart et le pilier central qui soutenait la tour défensive sont édifiés en maçonnerie. C'est une influence manifeste de l'architecture méditerranéenne, qui pourrait peut-être avoir son origine chez les Boïens revenus de la Cisalpine.

Nous retrouvons sur les *oppida* les types de constructions mentionnés auparavant : la grande maison à ossature de poteaux verticaux construite au niveau du sol et les cabanes plus petites à sol excavé. La nature spécifique de ces sites, où le terrain accidenté obligeait à effectuer des terrassements et nécessitait l'établissement de fondations qui résistent à l'écoulement des eaux, explique la présence de soubassements, souvent importants, en pierres sèches. Le matériau se trouvait d'ailleurs généralement sur place, ce qui n'est pas toujours le cas pour l'habitat rural. L'apparition d'un nouveau type de grande maison, constaté à Bibracte où il est adopté pour les résidences de la noblesse, est le résultat de la forte influence romaine particulière à ce site.

L'habitat rural ne présente pas de différences sensibles par rapport à la période précédente. L'agriculture bénéficie toutefois d'un nouvel outillage en fer parfaitement adapté aux divers travaux : faux, faucilles, serpes, houes, et surtout socs de charrues qui permettent d'améliorer le travail de la terre et ses rendements. Un fait nouveau est l'apparition d'agglomérations, ou groupes d'agglomérations, qui semblent concentrer les activités artisanales dans les zones qui se trouvent en dehors de l'influence directe de l'*oppidum*. Un tel cas a été constaté, par exemple, en Bohême centrale dans une zone située à une trentaine de kilomètres au nord de l'*oppidum* de Stradonice, où on voit se développer la sidérurgie, associée principalement à la fabrication de bracelets en sapropélite, matière locale d'origine organique confondue souvent avec le lignite. La diffusion de ces bracelets dans l'ensemble de la Bohême et même en Bavière montre l'efficacité du réseau commercial. D'autres cas semblables ont pu être relevés, indiquant ainsi que les *oppida* ne drainaient pas la totalité des activités artisanales, même à diffusion lointaine, d'une région.

Quant aux nécropoles, elles sont moins bien connues qu'à la période précédente. On peut y noter, dans l'ensemble du monde celtique, l'emprise progressive du rite de l'incinération. Les nécropoles à inhumation se raréfient, mais continuent à se maintenir dans certaines régions, ainsi que l'attestent les importants cimetières de la fin du IIe et du Ier siècle av. n. è. découverts à Ornavasso, à proximité du lac Majeur. Les nécropoles à incinération sont connues en particulier de la zone orientale, où, peut-être sous l'influence du milieu local, ce rite est largement pratiqué dès le début du IIIe siècle parallèlement à celui de l'inhumation ; là les nécropoles birituelles sont les plus fréquentes. Pour la période finale, le cimetière à incinérations qui est le plus intéressant pour la chronologie appartient aux Scordisques et se trouve à Karaburma près de Belgrade en Yougoslavie ; les 170 sépultures couvrent une période allant probablement de l'établissement de cette tribu dans la région après 280 av. n. è. jusqu'à l'occupation romaine, donc près de deux siècles.

Nous ne connaissons toujours pas les nécropoles des habitants de la plupart des grands *oppida* et il faut se demander dans quelle mesure ce n'est pas simplement la conséquence de la diminution ou même de la suppression des offrandes funéraires, liée à l'abandon de l'urne que nous pouvons observer dans un certain nombre de cas. Une incinération déposée sans mobilier en pleine terre est naturellement très difficile à identifier et peut échapper aux recherches. Néanmoins, à Stradonice en Bohême, de nombreuses incinérations de ce type furent discernées aussi bien sur le site même de l'*oppidum* que dans ses environs immédiats. Toutefois, l'absence totale de mobilier funéraire ne permet pas d'apporter la preuve de leur contemporanéité avec l'*oppidum*. Une nécropole d'une soixantaine de tombes à incinération entourées d'enclos quadrangulaires a été récemment découverte et explorée à proximité de l'ancienne voie d'accès à la porte principale de l'*oppidum* de Bibracte.

Nous commençons à mieux connaître maintenant aussi les sanctuaires de la période finale. Ce sont des temples de plan circulaire ou quadrangulaire à *cella* centrale entourée d'une galerie dont la disposition s'est perpétuée en Gaule, en Pannonie, en Rhénanie et en Bretagne grâce aux monuments de ce type qui furent édifiés en grand nombre à l'époque romaine. Ce sont vraisemblablement aussi les enceintes quadrangulaires constituées par une levée de terre bordée généralement d'un fossé, aux dimensions oscillant autour de 80×80 m. On commence à en relever l'existence presque dans toutes les régions de l'ancien monde celtique.

Une de ces enceintes fut explorée à Holzhausen en Bavière. Dans un de ses angles fut découvert un petit édifice de plan quadrangulaire et, à des endroits différents, toujours sur la bordure de l'espace intérieur, de profonds puits, dans lesquels se trouvaient les restes des sacrifices. Une autre structure de ce type, située près de Mšecké Žehrovice en Bohême centrale, dans la zone industrielle citée auparavant, a fourni l'étonnante tête sculptée d'un homme moustachu au cou orné d'un torque, qui est une des pièces les plus connues et les plus reproduites de l'art celtique.

L'enceinte fouillée récemment à l'intérieur de l'*oppidum* de Gournay-sur-Aronde (Oise) a livré les traces de nombreux sacrifices d'animaux et d'armes, ainsi que quelques vestiges de sacrifices humains. Les matériaux recueillis dans ce sanctuaire témoignent de sa fréquentation du IIIe siècle av. n. é. jusqu'à l'époque gallo-romaine, où un *fanum*, petit temple de plan quadrangulaire, vint remplacer l'édifice analogue de la période précédente.

L'enclos quadrangulaire d'une centaine de mètres de côté qui a pu être exploré en 1977-1980 dans les environs de Stuttgart, à Fellbach-Schmiden, a révélé la présence d'un puits qui atteignait une vingtaine de mètres de profondeur et servait probablement à un usage rituel. L'abattage des bois conservés de la partie inférieure du coffrage a pu être daté par la dendrochronologie de l'année 123 av. n. è. On y trouva dans le comblement de remarquables statues en bois, d'une hauteur de près d'un mètre, qui représentaient une paire symétrique de bouquetins dressés et un cervidé dans la même position. Elles étaient apparemment associées à l'origine à l'effigie de la divinité tutélaire du sanctuaire.

C'est aussi à la période finale qu'apparaissent les premières figurations d'une certaine complexité que nous pouvons associer avec certitude à l'univers religieux des Celtes. Le document le plus insigne est certainement un bassin revêtu de plaques d'argent richement ornées qui fut découvert dans une tourbière du Danemark septentrional où il avait été déposé vraisemblablement comme offrande votive. Ce bassin de Gundestrup est aujourd'hui généralement considéré comme ayant été fabriqué dans un atelier de la cuvette des Karpates ou même du bas Danube dans la première moitié du Iᵉʳ siècle av. n. è. C'est une œuvre d'exécution et de conception tout à fait étrangères à l'art celtique, qui n'a d'ailleurs jamais figuré de scènes, et son rattachement au style dit istropontique semble parfaitement justifié. Les sujets reproduits sont toutefois incontestablement celtiques : guerriers sonnant le *carnyx* (trompette de guerre verticale au pavillon en forme de hure de sanglier), fantassins armés de la lance et du long bouclier rectangulaire muni d'un *umbo* hémisphérique, officier coiffé d'un casque surmonté d'un sanglier, cavaliers équipés d'éperons, de lances et de casques aux cimiers les plus fantaisistes, aux chevaux soigneusement harnachés et ornés de phalères, défilent derrière le serpent à tête de bélier que les Boïens de Pannonie avaient figuré sur certaines de leurs monnaies. Des animaux entourent les dieux hiératiques, figés dans des scènes emblématiques dont la signification nous échappe malheureusement. C'est peut-être tout le panthéon celtique, mais nous ne reconnaissons avec certitude que le dieu aux bois de cerf : *Cernunnos* (le « cornu »), bien connu de l'autre extrémité du monde celtique, la Gaule, où il est figuré sur un certain nombre de monuments gallo-romains. On y discerne peut-être aussi un des dieux importants des Celtes évoqués par Lucain : *Taranis*, le dieu du tonnerre, qui serait symbolisé ici par la roue qu'un acolyte casqué présente à son côté. Les deux autres membres de ce groupe : *Esus* (le dieu « bon » ?) et *Teutates* (le dieu de la « tribu ») sont peut-être figurés aussi parmi les autres effigies divines, mais l'identification est plus discutable. Les tentatives d'interprétation mythologique du bassin de Gundestrup ne se comptent plus, mais aucune ne semble pouvoir apporter des arguments qui emportent la conviction. Toutefois, même si nous nous limitons prudemment à la simple constatation que nous trouvons sur cet objet, qui est un témoignage de l'univers spirituel des Celtes orientaux, un dieu bien connu à l'époque gallo-romaine en Gaule (comme d'ailleurs l'énigmatique serpent à tête de bélier, associé ici au dieu cornu), nous pouvons y voir la confirmation de l'existence d'une mythologie commune par ses lignes générales à l'ensemble des populations celtiques. Attestée autrement uniquement par la comparaison des documents épigraphiques d'époque romaine trouvés en Pannonie et en Gaule ou en Bretagne, elle pourrait être partiellement faussée par les déplacements humains.

CONCLUSION

Le démembrement du monde celtique qui s'accomplit à la fin du Ier siècle av. n. è. ne constitue que sa fin apparente. Même dans la partie occupée par les Germains, où l'écroulement du système économique des *oppida* provoque une régression généralisée, la tradition celtique garde une certaine vigueur. Le caractère durable de l'empreinte celtique se manifeste d'une façon particulièrement évidente dans le domaine de la toponymie, où les noms d'origine celtique sont arrivés jusqu'à nous malgré les nombreux bouleversements et mouvements de population dont l'Europe centrale a été le théâtre. Le nom du peuple le plus puissant de ces régions, les Boïens, est ainsi perpétué dans celui de la Bohême, le Βουίαιμον de Strabon et le *Boiohaemum* des auteurs latins. Une partie des tribus celtiques semble d'ailleurs avoir été épargnée, en particulier dans la zone karpatique et ses environs immédiats. C'est le cas des *Cotini*, réputés pour leurs exploitations de minerai de fer et identifiés actuellement, avec de bons arguments, aux populations de la culture dite de Púchov des montagnes de l'actuelle Slovaquie. C'est peut-être aussi celui des *Lugi*, tribu dont les territoires s'étendaient vraisemblablement au nord de la Porte de Moravie. L'influence de la civilisation laténienne sur les Germains fut incontestablement très importante, mais débuta bien avant l'occupation des territoires celtiques comme le prouvent en particulier les nombreuses trouvailles d'objets laténiens provenant du sol du Danemark actuel.

En Gaule et en Pannonie, l'occupation romaine se garde bien d'anéantir le système économique en place et elle se contente de le doubler d'une structure administrative qui lui en assure le contrôle. Les *oppida* ne sont pas détruits et leur population n'est pas brutalement déracinée. Cependant, dans certains cas, l'ancien centre est abandonné progressivement pour une fondation nouvelle, surgie dans son voisinage et mieux située par rapport au nouveau réseau routier. La première à abandonner les forteresses de hauteur laténiennes est certainement la noblesse celtique, dont la position privilégiée n'est pas modifiée par la conquête. Elle est attirée vers les villes romaines principalement par un confort inconnu sur les *oppida* : aqueducs et thermes ont dû jouer de ce point de vue un rôle très important. Ainsi, la fondation d'*Augustodunum* (Autun) a pour conséquence le départ d'une partie de la population de Bibracte, qui ne se dépeuple cependant jamais tout à fait et conserve son rôle de marché et de centre religieux jusqu'à l'époque chrétienne, où une église consacrée à saint Martin est édifiée dans le complexe même du temple gallo-romain. L'habitat de l'*oppidum* des Eravisques sur la colline de Gellért à Budapest se déplace progressivement vers le pied de l'éminence. Il cesse d'exister quand une ville civile se développe près du camp militaire voisin d'*Aquincum*. De nombreux autres cas pourraient être encore cités.

Il n'y a donc pas rupture, mais évolution et, on peut le dire sans exagérer, enrichissement réciproque des deux civilisations en présence : la civilisation gallo-romaine en Gaule, ou celto-romaine en Pannonie, fut redevable autant à la civilisation laténienne qu'à la civilisation romaine, en particulier dans le domaine économique et religieux. C'est par l'intermédiaire de ces deux provinces restées profondément celtiques que les influences romaines pénètrent vers le nord, aussi bien chez les Germains que plus tard chez les Slaves, qui trouvèrent en Pannonie les fondements culturels et économiques de leur premier Etat : l'Empire de Grande Moravie. Ils recueillirent ainsi après plus de six siècles l'héritage d'une civilisation qui se trouve être le point de départ et la préfiguration géographique de la civilisation du Moyen Age occidental.

Cependant, on voit apparaître aussi à ce moment un autre héritage celtique, conservé et développé dans les îles de l'Occident : c'est une littérature où la force épique va de pair avec l'intensité poétique et les rêveries d'une imagination exubérante. Cette imagination, dont nous rencontrons une expression encore plus spectaculaire dans le domaine de l'art décoratif : jeu de courbes et de contre-courbes, d'entrelacs et de fuyantes formes végétales ou animales soumises à une métamorphose permanente, où nous retrouvons les principes qui furent ceux des plus belles périodes de l'art laténien. L'héritage ainsi restitué sera bientôt assimilé et constituera une composante importante, peut-être même la plus importante, de l'art médiéval. Ce n'est pas seulement une pure coïncidence, si telle rosace gothique évoque irrésistiblement quelque décor de l'art insulaire ou même de l'art laténien : c'est le reflet d'une même conception spirituelle de l'art, à laquelle les Celtes les premiers surent donner une expression parfaitement équilibrée.

BIBLIOGRAPHIE

Seul un choix de volumes récents et particulièrement importants a été retenu pour cette bibliographie. Le lecteur désireux d'approfondir ses connaissances y trouvera cités les ouvrages que nous avons dû omettre ainsi que les références des articles consacrés aux problèmes particuliers. Des bulletins par pays des publications archéologiques et numismatiques paraissent régulièrement dans la revue *Etudes celtiques* (Editions du CNRS).

PROTOHISTOIRE DE L'EUROPE

FILIP (Jan), *Manuel encyclopédique de Préhistoire et Protohistoire européennes (Enzyklopädisches Handbuch zur Ur- und Frühgeschichte Europas)*, Praha, Academia, et Stuttgart, Kohlhammer vol. I, 1966, vol. II, 1969.

PIGGOTT (Stuart), *Ancient Europe from the beginnings of Agriculture to Classical Antiquity*, Edinburgh, University Press, 1965.

OUVRAGES GÉNÉRAUX SUR LES CELTES

CHADWICK (Nora), *The Celts*, Pelican Books, 1970.

FILIP (Jan), *Celtic civilisation and its heritage*, Praha, Academia, 2e édit., 1977.

GRENIER (Albert), *Les Gaulois*, Paris, Petite Bibliothèque Payot, n° 157, 2e éd., 1970.

HUBERT (Henri), *Les Celtes et l'expansion celtique jusqu'à l'époque de La Tène* et *Les Celtes depuis l'époque de La Tène et la civilisation celtique*, coll. « L'évolution de l'humanité », vol. 21 et 21 *bis*, Paris, Albin Michel, 3e éd. (avec complément bibliographique de R. JOFFROY), 1973.

KRUTA (Venceslas) et FORMAN (Werner), *Les Celtes en Occident*, Paris, Editions Atlas, 1985.

KRUTA (Venceslas), LESSING (Erich) et coll., *Les Celtes*, Paris, Hatier, 1978 (réimpr. 1982).

POWELL (T. G. E.), *The Celts*, 2e éd., London, Thames and Hudson, 1980 (trad. franç. *Les Celtes*, Paris, Arthaud, 1961).

ROSS (Anne), *Everyday Life of the Pagan Celts*, London, Batsford Ltd., 1970.

Les Celtes (version française du catalogue de l'exposition au Palazzo Grassi de Venise), Milan, Bompiani, 1991.

SOURCES HISTORIQUES

DOBESCH (Gerhard), *Die Kelten in Österreich nach den ältesten Berichten der Antike*, Wien-Köln-Graz, H. Böhlau Verlag, 1980.

DUVAL (Paul-Marie), *La Gaule jusqu'au milieu du Ve siècle*, *Les sources de l'histoire de France des origines à la fin du XVe siècle*, t. 1er, Paris, Picard, 1971.

RANKIN (H. D.), *Celts and the Classical World*, London et Sydney, Croom Helm, 1987.

SOURCES ÉPIGRAPHIQUES

Publié en tant que XLVe supplément à « Gallia », le *Recueil des Inscriptions Gauloises (RIG)* comporte actuellement les volumes suivants :

LEJEUNE (Michel), *Textes gallo-grecs*, Paris, Editions du CNRS, 1985.

DUVAL (Paul-Marie) et PINAULT (Georges), *Les calendriers (Coligny, Villards d'Héria)*, Paris, Editions du CNRS, 1986.

LEJEUNE (Michel), *Textes gallo-étrusques. Textes gallo-latins sur pierre*, Paris, Editions du CNRS, 1988.

LINGUISTIQUE

HOLDER (Alfred), *Alt-celtischer Sprachschatz*, Graz, Akademische Druck - u. Verlagsanstalt, 1961 (reproduction de l'édition : Leipzig, Teubner, 1896).

LAMBERT (Pierre-Yves), *La langue gauloise*, Paris, Ed. Errance, 1995.

LEWIS (Henry), PEDERSEN (Holger), *A Concise Comparative Celtic Grammar*, Göttingen, Vandenhoek & Ruprecht, 1961.

LITTÉRATURE CELTIQUE

JACKSON (Kenneth Hurlstone), *A Celtic Miscellany*, Penguin Classics, 2e éd., 1971.

L'épopée irlandaise (trad. de Georges DOTTIN), 2e éd., Paris, Les Presses d'Aujourd'hui, 1980.

GUYONVARC'H (Christian), *Textes mythologiques irlandais*, I, « Celticum 11/1 », Rennes, Ogam-Tradition celtique, 1980.

LAMBERT (Pierre-Yves), *Les littératures celtiques*, coll. « Que sais-je ? », no 809, Paris, Presses Universitaires de France, 1981.

Les Mabinogion. Contes bardiques gallois (trad. de Joseph LOTH), 2e éd., Paris, Les Presses d'Aujourd'hui, 1979.

SOURCES ARCHÉOLOGIQUES

a) Ouvrages généraux

DÉCHELETTE (Joseph), *Manuel d'archéologie préhistorique, celtique et gallo-romaine*, t. IV : *Second Age du Fer ou époque de La Tène*, Paris, Picard, 2e éd., 1927.

DUVAL (P.-M.) et KRUTA (V.) (éd.), *Les mouvements celtiques du Ve au Ier siècle avant notre ère*, Nice, 1976, Paris, Editions du CNRS, 1979.

L'Europe celtique du Ve au IIIe siècle avant J.-C. : contacts, échanges et mouvements de populations. Actes du IIe Symposium international d'Hautvillers, 8-10 octobre 1992, coll. « Chronothèque », 1, Sceaux, Kronos B. Y. Editions, 1995.

KRUTA (V.) éd., *Les Celtes au IIIe siècle avant J.-C.* (= *Etudes celtiques*, 28, 1991), Paris, Editions du CNRS, 1993.

b) Principales études régionales

France :

CHARPY (Jean-Jacques) et ROUALET (Pierre), *Les Celtes en Champagne. Cinq siècles d'histoire*, Musée d'Epernay, 1991.

GUILAINE (Jean) et coll., *La Préhistoire française* : II. *Les civilisations néolithiques et protohistoriques de la France*, Paris, CNRS, 1976.

Les Celtes en France du Nord et en Belgique : VIe-Ier siècle avant J.-C., Bruxelles, Musée des Beaux-Arts de Valenciennes et Crédit communal de Belgique, 1990.

Py (Michel), *Les Gaulois du Midi. De la fin de l'âge du Bronze à la conquête romaine*, coll. « La Mémoire du Temps », Paris, Hachette, 1993.

Italie :

Les Celtes en Italie, Dossiers Histoire et Archéologie nº 112. Dijon, Archeologia, 1987.

Kruta (Venceslas), I Celti, dans *Italia omnium terrarum alumna. La civiltà dei Veneti, Reti, Liguri, Celti, Piceni, Umbri, Latini, Campani e Iapigi*, Milano, Garzanti-Scheiwiller, 1988, 261-311.

Péninsule ibérique :

Burillo Mozota (F.) et coll., *Celtiberos*, Diputación Provincial de Zaragoza, Zaragoza, Departamento de Cultura, 1988.

Schüle (Wilhelm), *Die Meseta-Kulturen der iberischen Halbinsel*, « Madrider Forschungen », Bd 3, Berlin, Walter de Gruyter & Co, 1969.

Silva (Armando Coelho Ferreira da), *A Cultura Castreja no Noroeste de Portugal*, Paços de Ferreira, Museu arqueológico da Citânia de Sanfins, 1986.

Silva (Armando Coelho Ferreira da) et Gomes (Mário Varela), *Proto História de Portugal*, Lisbonne, Universidade Aberta, 1992.

Iles britanniques

Cunliffe (Barry), *Iron Age Communities in Britain*, coll. « Archaeology of Britain », London-Boston, Routledge & Kegan, 1974.

Raftery (Barry), *La Tène in Ireland. Problems of Origin and Chronology*, Veröffentlichung des Vorgeschichtlichen Seminars Marburg, Sonderband 2, Marburg, 1984.

Raftery (Barry), *Pagan Celtic Ireland. The Enigma of the Irish Iron Age*, London, Thames & Hudson, 1994.

Suisse :

Furger-Gunti (Andres), *Die Helvetier. Kulturgeschichte eines Keltenvolkes*, Zürich, Verlag Neue Zürcher Zeitung, 1984.

Europe centrale :

Das keltische Jahrtausend, catalogue de l'exposition de Rosenheim, Mayence, Verlag Philipp von Zabern, 1993.

Drda (Petr) et Rybová (Alena), *Les Celtes de Bohême*, Paris, Ed. Errance, 1995.

Lessing (Erich), *Hallstatt. Bilder aus der Frühzeit Europas*, Wien-München, Jugend und Volk, 1980.

Pauli (Ludwig) et coll., *Die Kelten in Mitteleuropa : Kultur, Kunst, Wirtschaft* (Catalogue de l'exposition au Keltenmuseum de Hallein), Salzburg, 1980.

Spindler (Konrad), *Die Frühen Kelten*, Stuttgart, Reclam, 1983.

Szabó (Miklós), *Les Celtes de l'Est. Le Second Age du Fer dans la cuvette des Karpates*, Paris, Ed. Errance, 1992.

Kovács (T.), Petres (E.), Szabó (M.) (éd.), *Corpus of Celtic Finds in Hungary*, I : *Transdanubia*, 1, Budapest, Akadémiai Kiadó, 1987.

Woźniak (Zenon), *Osadnictwo celtyckie w Polsce*, Wrocław-Warszawa-Kraków, Ossolineum, 1970.

Europe sud-orientale :

KELTOI. Kelti in njihovi sodobniki na ozemlju Jugoslavije (Catalogue de l'exposition au Musée national de Ljubljana), Ljubljana, 1983.

Todorović (Jovan), *Skordisci*, « Monumenta archaeologica » 2, Novi-Sad-Beograd, 1974.

Art celtique :

DUVAL (Paul-Marie), *Les Celtes*, coll. « L'Univers des formes », Paris, Gallimard, 1977.

DUVAL (Paul-Marie), HAWKES (Christopher) et coll., *Celtic Art in Ancient Europe. — L'Art celtique en Europe protohistorique*, London-New York-San Francisco, Seminar Press, 1976.

DUVAL (P.-M.) et KRUTA (V.) (éd.), *L'art celtique de la période d'expansion : IVe et IIIe siècles avant notre ère*, coll. « Hautes Etudes du monde gréco-romain », 13, Genève-Paris, Libr. Droz, 1982.

JACOBSTHAL (Paul), *Early Celtic Art*, Oxford, Clarendon Press, 1944 (réimpr. 1969).

KRUTA (Venceslas), *L'art celtique en Bohême. Les parures métalliques du Ve au IIe siècle avant notre ère*, « Bibliothèque de l'Ecole pratique des Hautes Etudes », vol. 324, Paris, Champion, 1975.

KRUTA (Venceslas), *L'Europe des origines. La Protohistoire 6000-500 avant J.-C.*, coll. « L'Univers des Formes », Paris, Gallimard, 1992.

MEGAW (R. and V.), *Celtic Art. From its beginnings to the Book of Kells*, London, Thames & Hudson, 1989.

STEAD (I. M.), *Celtic Art*, London, British Museum, 1985.

SZABÓ (Miklós) et PETRES (Eva F.), *Decorated Weapons of the La Tène Iron Age in the Carpathian Basin*, « Inventaria Præhistorica Hungariæ », V, Budapest, Musée National Hongrois, 1992.

Numismatique :

ALLEN (Derek), *The Coins of the Ancient Celts*, Edinburgh, University Press, 1980.

CASTELIN (Karel), *Die Goldprägung der Kelten in den böhmischen Ländern*, Graz, Akademische Druck- u. Verlagsanstat, 1965.

COLBERT DE BEAULIEU (Jean-Baptiste), *Traité de numismatique celtique. I : Méthodologie des ensembles*, « Annales littéraires de l'Université de Besançon », vol. 135, Paris, Les Belles-Lettres, 1973.

DUVAL (P.-M.), *Monnaies gauloises et mythes celtiques*, Paris, Hermann, 1987.

SCHEERS (Simone), *Traité de numismatique celtique*, II : *La Gaule Belgique*, « Annales littéraires de l'Université de Besançon », vol. 195, Paris, Les Belles-Lettres, 1977.

VAN ARSDELL (R. D.), *Celtic Coinage of Britain*, London, Spink, 1989.

Religion :

DE VRIES (Jan), *Keltische Religion*, « Die Religionen der Menschheit », 18, Stuttgart, W. Kohlhammer Verlag, 1961 (trad. franç. *La religion des Celtes*, Paris, Payot, 1977).

DUVAL (Paul-Marie), *Les Dieux de la Gaule*, Petite Bibliothèque Payot, Paris, Payot, 2e éd., 1976.

GREEN (Miranda), *The Gods of the Celts*, Gloucester, Alan Sutton Publ., 1986.

LE ROUX (F.), GUYONVARC'H (Christian), *Les druides*, 3e éd., Rennes, Ouest-France, 1986.

MACCANA (Proinsias), *Celtic Mythology*, 2e éd., Feltham, Newnes Books, 1983.

PIGGOTT (Stuart), *The Druids*, Pelican Books, 2e éd., 1974.

ROSS (Anne), *Pagan Celtic Britain*, 2e éd., London, Cardinal Sphere Books, 1974.

SJŒSTEDT (M.-L.), *Dieux et héros des Celtes*, « Mythes et Religions », vol. 7, Paris, Presses Universitaires de France, 1940.

VENDRYÈS (Joseph), *La religion des Celtes*, dans « Mana », Introduction à l'Histoire des Religions, 2.III, Paris, Presses Universitaires de France, 1948.

TABLE DES MATIÈRES

Imprimé en France
Imprimerie des Presses Universitaires de France
73, avenue Ronsard, 41100 Vendôme
Août 1996 — N° 42 857